Borkum Reisehandbuch

Ulrike Katrin Peters&
Karsten-Thilo Raab

WESTFLÜGEL VERLAG

Bibliografische Information der Deutschen Bibliothek:
Die Deutsche Bibliothek verzeichnet diese Publikation in der Deutschen Nationalbibliografie; detaillierte bibliografische Daten sind im Internet über http://dnb.ddb.de abrufbar.

Impressum

ISBN: 978-3-939408-21-5
Text: Ulrike Katrin Peters, Karsten-Thilo Raab
Layout: Ulrike Katrin Peters
Lektorat: Dr. Imke Barbara Peters

Liebe Leserinnen und Leser,
wir freuen uns, Ihre Meinung zu diesem Reiseführer zu erfahren.
Bitte senden Sie Ergänzungsvorschläge, Anregungen und Korrekturvorschläge an den

Westflügel Verlag, Gustav-Streich-Str. 62, 45133 Essen.

Weitere Informationen zum Verlagsprogramm finden Sie im Internet unter:
www.westfluegel-verlag.de

Inhaltsverzeichnis

Anhang

Einleitung

„Mediis tranquillus in undis" - der lateinische Wahlspruch bedeutet übersetzt: „ruhig inmitten der Wogen". Wer die Ruhe auf diesem malerischen Eiland sucht, der hat die Qual der Wahl. Möchte man bei einer Tasse gemütlichem Ostfriesentee entspannen, bei einer ausgedehnten Radtour ins Ostland oder doch lieber bei einem Faulenzer-Tag im Strandkorb? Wer Lust auf Aktivität hat, der kann Wandern, Nordic-Walken, Surfen, Kiten, Reiten oder seine Bahnen im Gezeitenland ziehen. An der Strandpromenade herrscht phasenweise fast Ballermann-Atmosphäre, hinter dem FKK-Strand findet sich Natur pur.

Als geradezu perfekt zeigt sich dabei die Größe der westlichsten und größten der ostfriesischen Inseln. Nicht zu klein und nicht zu groß ist sie mit ihren rund 31 Quadratkilometern und bietet genug Platz für ausgedehnte Erkundungen zu Fuß, per Rad oder auf dem Rücken eines Pferdes. Auf der anderen Seite ist sie so überschaubar, dass man es in den Ferien recht ruhig angehen lassen kann - Angst, etwas zu verpassen, muss man hier wahrlich nicht haben. Schon bald lässt man sich von der herrlichen Gelassenheit der Insulaner anstecken, dessen Motto "Abwarten und Tee trinken" zu lauten scheint.

Bei so vielen Möglichkeiten ist es kein Wunder, dass die Insel viele Stammgäste verzeichnen kann. Wer zum ersten Mal auf Borkum weilt, der wird sicher den Alten und Neuen Leuchtturm besteigen wollen, um sich einen Überblick über das Eiland verschaffen zu können. Stammgast auf Borkum war dereinst auch Dichter Wilhelm Busch (1832-1908), der einmal augenzwinkernd über die schönen Seiten der Insel philosophierte, als er sagte: „Von einer Düne sieht man weit - das Meer ist voller Flüssigkeit!" Eine Feststellung, die bis heute nichts an Wahrheitsgehalt eingebüßt hat. Der Blick von den Dünen auf die Wellen der Nordsee bedeutet für viele der Erholungssuchenden auf der Insel aber meist viel mehr. Sie saugen die frische Meeresbrise ein, atmen im Hochseeklima tief durch und empfinden eine tiefe Freiheit und inneren Frieden. Kein Wunder, dass Borkum auch Ziel zahlreicher Kurgäste ist. Nicht selten, so scheint es, kommen diese zwar kuriert von ihren allergischen Leiden, aber infiziert mit einer Art "Borkum-Virus" nach Hause. Dieser ist zwar eine Augen zwinkernde und frei erfundene "Krankheit", führt aber unweigerlich dazu, dass, wer einmal auf der Insel zu Gast war, immer wieder kehren möchte.

des Wattenmeeres

Insel und Leute

Die Insel

Als größte der sieben Ostfriesischen Inseln liegt Borkum rund 55 Kilometer vom deutschen Festland entfernt in der Emsmündung. Die Insel, die offiziell seit 1830 Badeort ist, gehört zum Landkreis Leer und verfügt als staatlich anerkanntes Nordseeheilbad über zahlreiche Kureinrichtungen.

Zu Borkum, das die westlichste Stadt in Niedersachen ist, gehören neben dem gleichnamigen Hauptort der im Osten der Insel gelegene Ortsteil Ostland und das im Südosten am Hafen gelegene Reede. Nachbarinseln sind Rottumeroog in den Niederlanden im Westen sowie Juist und Lütje Hörn im Osten.

Landschaft und Geografie

53°35' Nord und 6°41' Ost markieren die genaue Lage Borkums nach Breiten- und Längengrad. Deutschlands westlichste Insel liegt nördlich der Emsmündung und ist näher an den Niederlanden als am deutschen Festland. Mit einer Gesamtfläche von 36 Quadratkilometern erhebt sich Borkum im Mittel gerade einmal sechs Meter über dem Meeresspiegel.

An der Strandpromenade zwischen dem Nordbad und dem Jugendbad liegt der nordwestlichste Landpunkt Deutschlands. Er ist durch einen symbolischen Grenzpfosten markiert und mit Informationstafeln versehen.

Das zu den Ostfriesischen Inseln gehörende Nordseeheilbad ist zu zwei Dritteln unbewohnt. Von den Westdünen bis zur Höge Horn misst Borkum eine Länge von 10,7 Kilometern. Die mittlere Breite liegt bei drei Kilometern, wobei die schmalste Stelle nur knapp 500 Meter misst.

Borkum liegt auf einem im Pleistozän und im folgenden Holozän gebildeten Sockel. Vorherrschende Bodentypen sind Regosol und Kleimarsch sowie zu einem geringen Teil auch Gley.

Borkums Form ähnelt grob der eines Hufeisens, das sich südöstlich zur Wattseite hin öffnet. Bis zum Jahre 1863 bestand Borkum aus zwei separaten Inseln, Westland und Ostland, die durch einen Priel voneinander getrennt waren. Das Tüskendör („Zwischendurch") markiert heute die alte Trennlinie. Dieses Niederungsgebiet ist seit 1869, als der so genannte Hinterdamm geschaffen wurde, weitgehend von Überflutungen verschont geblieben.

Gut zu finden: Der eigene Strandkorb am Strand von Borkum.

61
5

Strandvergnügen für Herrchen, Frauchen und Hund.

Zur Seeseite wurde 1936 mit dem Hindenburgdamm ein zweiter künstlicher Dünenkamm parallel dazu angelegt, so dass durch Aussüßung ein großes Feuchtgebiet mit Niedermoorelementen, Röhrichtgesellschaften und Feuchtgebüschen entstanden ist. Bis zum Jahre 1977 wurde der Seedeich auf seine heutige Höhe von 6,7 Metern über dem Meeresspiegel erhöht. Durch Sandentnahme entstand dabei der 20 Hektar große Tüskendörsee, der durch ein Siel mit dem Wattenmeer verbunden ist.

Ein Viertel Borkums ist heute von Grünland bedeckt. Vor der Eindeichung waren diese Areale zumeist Salzwiesen. Heute erweist sich das Grünland als Rückzugsraum für zahlreiche Tier- und Pflanzenarten. So wachsen hier seltene Orchideen. Auch Gänse und Wattvögel tummeln sich hier. Insbesondere der Tüskendörsee ist eine wichtige Süßwasserquelle für viele Vogelarten.

Die Dünenketten des Westlandes werden mit Dünendeckwerken und Buhnen geschützt. Im Westen der Insel liegt die Greune Stee („grüne Stelle"), ein ausgedehnter Sumpfwald, der an trockenen Stellen von Dünen durchzogen ist. Angrenzend an die Greune Stee erheben sich die Woldedünen, in denen dereinst der berühmte Freibeuter Klaus Störtebeker im 14. Jahrhundert seine Beute versteckt haben soll. Vielleicht ist dies der Grund, warum hier heute mancher Besucher ein wenig auffällig mit den Füßen im Sand wühlt.

Nur knapp 21 Prozent des Inselareals oder knapp 660 Hektar werden landwirtschaftlich genutzt. Mehr als 53 Prozent der Insel nimmt die Dünenlandschaft ein. Große Teile der Insel, insbesondere im Osten, gehören zur Schutzzone I (Ruhezone), die ganzjährig nur auf ausgewiesenen Wegen betreten werden darf. In der Schutzzone II (Zwischenzone) ist das Betreten außerhalb der Brutzeit erlaubt, der Artenschutz hat jedoch auch hier Vorrang. Zur Schutzzone III (Erholungszone) zählen insbesondere die Badestrandabschnitte im Süden, Westen und Norden der Insel.

Flora und Fauna

Mit insgesamt 560 Arten kann sich Borkum rühmen, über die vielfältigste Pflanzenwelt auf den Ostfriesischen Inseln zu verfügen. Teile der Insel und das angrenzende Watt gehören zum Nationalpark Niedersächsisches Wattenmeer.

Winzige Meeresbewohner findet man nicht nur während einer geführten Wattwanderung.

Dieses gezeitenabhängige Feuchtbiotop steht seit dem 26. Juni 2009 als Weltnaturerbe unter dem Schutz der UNESCO und hat mit seinen Salzwiesen, Marschflächen und Sandbänken, aber auch als Rastgebiet zahlreicher Zugvögel internationalen Rang.

Für rund 4.000 Tier- und Pflanzenarten dient das Wattenmeer als nahrungsreicher Lebensraum. Eine Vielfalt, wie sie sonst nur im tropischen Regenwald zu finden ist. Kein Wunder, dass das Wattenmeer als Weltnaturerbe den gleichen Stellenwert genießt wie etwa das Great Barrier Reef oder die Serengeti. Nur mit dem Unterschied, dass das Wattenmeer wohl das einzige Welterbe ist, das tagein, tagaus zwischendurch für ein paar Stunden verschwindet, um dann mit der nächsten Ebbe wieder wie aus dem Nichts aufzutauchen. Hier zeigen sich die Gezeiten der Nordsee in all ihren Ausmaßen. Denn der Tidenhub misst bis zu zweieinhalb Meter.

Bei Ebbe will das Schmatzen und Gluckern hier scheinbar nicht aufhören. Der graubraune Schlick hält die Füße fest umschlossen und will sie scheinbar nur widerwillig loslassen. Nur mühsam geht es teilweise voran. Knöcheltief, teilweise sogar bis an die Waden reicht die schlammige Masse. Wind und Wellen haben bizarre Muster in die endlosen Weiten des Wattenmeeres gemalt. In der Luft liegt ein bizarrer Duft. Ein wenig fischig, ein wenig moderig.

Der Boden ist mit bräunlichen Mikroalgen überzogen, die sich von Mineralstoffen ernähren und Sauerstoffbläschen erzeugen, Mit ihrem Schleim „verkitten" sie die Sedimente. Von den Mikroalgen wiederum ernähren sich nicht nur die kleinen Wattschnecken, sondern auch Platt-, Tell- und Pfeffermuscheln. Eine wichtige Filterfunktion nehmen zudem die Herz-, Sandklaff- und Miesmuscheln ein.

Zu den aktivsten Lebewesen des Watts gehört der Wattwurm. Dieser gräbt sich in u-förmigen Röhren rund 20 Zentimeter tief in den Boden ein. Dabei ernährt sich der braun-schwarze Wurm von den im Sand enthaltenen Nährstoffen. Er frisst den Sand, filtert alles Nahrhafte dort heraus und scheidet die Sandreste in spaghettiähnlichen Kothaufen wieder aus. Gefährlich werden ihm in der Regel nur die Möwen und Austernfischer, wenn er etwa einmal pro Stunde am Ausgang des von ihm gegrabenen Kanalsystems auftaucht, um den Sand auszuscheiden.

Zahlreiche Vogelarten fühlen sich im Wattenmeer wie im Schlaraffenland.

Die Unterwasserwelt um Borkum bietet Lebensraum für viele Arten.

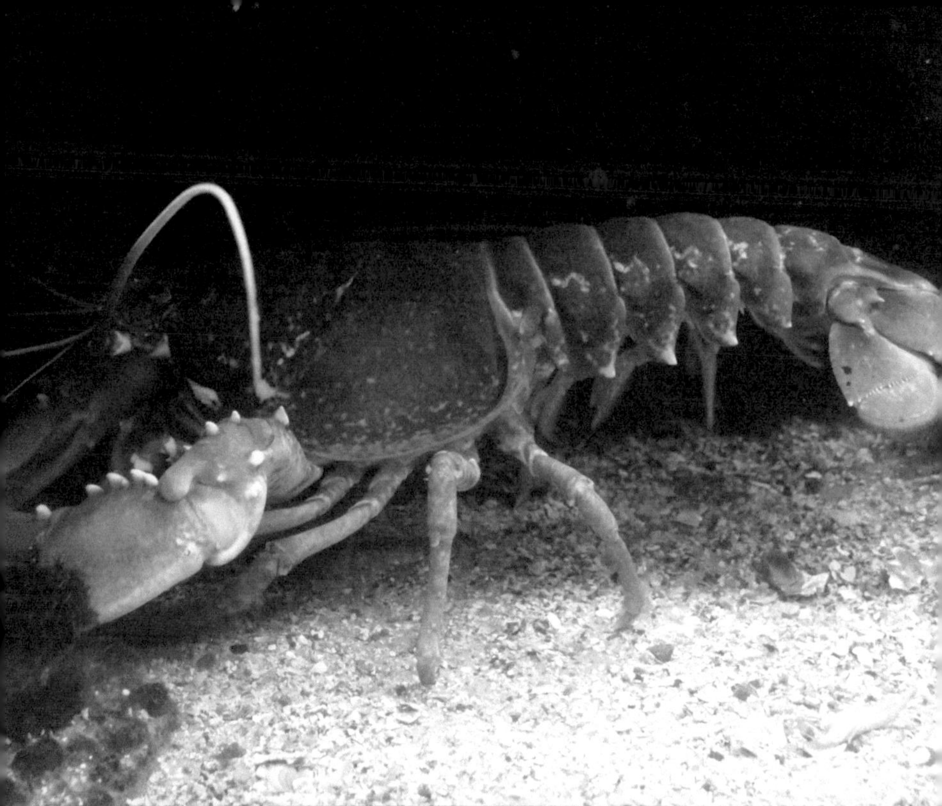

Zu diesen zählen vor allem Brandgänse und Möwen, Austernfischer, Rotschenkel und Regenpfeifer, aber auch Eiderenten. Und auf den angrenzenden Salzwiesen, die Säbelschnäblern und Seeschwalben als Brutgebiet dienen, blühen die Stranddistel und der Strandflieder.

In der Nordsee rund um Borkum tummeln sich Seehunde, Kegelrobben und hier und da auch Schweinswale, aber auch Katzenhaie, Dornhaie oder Rochen. Die ufernahen Bereiche werden vor allem von Plattfischen und Schellfischen bewohnt. Im flachen Wasser sind Heringe, Sprotten, Makrelen, Seelachs, Stintdorsch, Kabeljau, Schellfisch, Wittling, Sandaale, Knurrhähne und Seeteufel heimisch.

Eine Besonderheit ist auch die so genannte Greune Stee, ein bewaldetes Gebiet aus Moorbirken und Grauweiden, das an trockenen Stellen von Dünen durchzogen ist. In den angrenzenden Woldedünen soll Freibeuter Klaus Störtebeker seinen sagenumwobenen Schatz versteckt haben.

Typischste Pflanze der weitläufigen Dünen ist der Gewöhnliche Strandhafer, der mit seinem ausgedehnten Wurzelwerk die Dünen befestigt. In den Dünen, Wiesen und Waldstücken der Insel finden sich Fasane, Ka-

Möwen sind am Strand von Borkum gefürchtet als Pommes- und Eisräuber.

Sanddornfrüchte werden auf Borkum unter anderem zu Schnaps und Marmelade verarbeitet.

ninchen, Hasen und Rehe, während sich auf der Seehundsbank gegenüber dem Nordstrand ganzjährig Seehunde und Kegelrobben tummeln. Zu den stark gefährdeten Vogelarten, die auf Borkum anzutreffen sind, gehören die Seeschwalben sowie die Sand- und Seeregenpfeifer.

Weit verbreitet sind auf Borkum Hagebuttenbüsche, deren Blüten im Frühsommer rosafarben leuchten. Einen Kontrast bilden im Herbst die Sanddornbüsche mit ihren orangefarbenen und überaus vitaminreichen Früchten.

◉ www.weltnaturerbe-wattenmeer.de

◉ www.nationalpark-wattenmeer-niedersachsen.de

Klima

Der nahe Golfstrom bewirkt ein mit Jod angereichertes, mildes und zugleich pollenarmes Hochseeklima, in dem sich besonders Allergiker wohl fühlen. Die Kombination aus Wind, Sonne, Meerwasser und Jod wirkt wie eine natürliche Sole-Inhalation, die ganz nebenbei erfolgt und zudem nachweislich den Stoffwechsel anregt, Atemwegsbeschwerden lindert, die Schilddrüsenfunktion stärkt und positive Auswirkungen bei Herz- und

Kreislauferkrankungen hat.

Nicht von ungefähr ist Borkum als europaweit erste Insel im Jahr 2013 von der Europäischen Stiftung für Allergieforschung mit einem Siegel als besonders „allergikerfreundlich" ausgezeichnet worden.

Auch die Sonne meint es überaus gut mit der Nordseeinsel, die mit bis zu 2.000 Sonnenstunden traditionell zu den sonnenreichsten Orten in Deutschland zählt. Im Jahre 2010, als Borkum nach Angaben des Schweizer Wetterdienstes Meteomedia nicht weniger als 1.956 Sonnenstunden verbuchten, wurde das Eiland nur noch von Juist als sonnenreichste Insel Deutschlands übertroffen.

„Ostfriesland scheint höchstens zu einem Fünftel aus Land zu bestehen. Vier Fünftel sind Himmel", konstatierte einmal Henri Nannen. Eine Einschätzung, die der Gründer und langjährige Herausgeber des „Stern" auch (allein) auf Borkum gemünzt haben könnte. Denn der Großteil der Nordseeinsel besteht im positiven Sinne aus „Gegend" – unbebauter Natur mit kilometerlangen Stränden, weitläufigen Dünenlandschaften, einem riesigen Wattenmeer, das seine ganze Schönheit bei Ebbe präsentiert, sowie einem gut ausgebauten Wegenetz für Wanderer und Radfahrer unter dem friesischen Firmament.

Der fast ständig wehende Wind sorgt dabei für ein faszinierendes Wechselspiel von Wolken und Sonne und taucht die Insel immer wieder in ein neues, anderes Licht. Ein Naturschauspiel, das nicht wenig dazu anregt, sich überhaupt nicht zu regen. Stattdessen legen sie sich windgeschützt in einem Strandkorb zurück oder auf eine Decke hinter einer Düne und beobachten das „Himmelstheater", bei dem die Wolken als Vorhänge dienen und nach einem nur schwer kalkulierbaren Muster den Blick auf das blaue Himmelszelt freigeben. Musikalisch untermauert wird das Ganze vom Heulen des Windes, dem Brechen der Wellen und dem gelegentlichen Schrei von Möwen und anderen Vogelarten.

Die steten Winde, die überwiegend aus westlicher Richtung wehen, sorgen auch dafür, dass sich selbst dunkelste Regenwolken relativ schnell wieder verziehen. Manchmal lässt es Petrus gleichwohl etwas heftiger wehen und noch heftiger regnen. Aber das kann weder die Insulaner noch die Besucher erschüttern. Denn was gibt es an solchen Tagen Schöneres, als sich mit einem wärmenden Ostfriesentee hinter die Scheiben einer der vielen Strandbuden oder einladenden Lokale zu setzen und aufs

Meer zu starren? Dann ist eben „Tee-Tied", wie die Ostfriesen sagen.
Aber auch Romantiker kommen nicht zu kurz, wenn die Sonne abendlich mit kräftigen Rot- und Orangetönen den Himmel verfärbt, bevor sie – zumindest optisch – in den Fluten der Nordsee untertaucht. Dabei scheint es fast so, als würde der Lorenz zu einem Tauchgang der besonderen Art ansetzen, um dann am kommenden Morgen wieder auf der gegenüberliegenden Inselseite scheinbar aus den Fluten der Nordsee empor zu steigen.

Der Regen über Borkum ist übrigens durchaus willkommen. Trägt er doch dazu bei, die Trinkwasserversorgung der Insel sicher zu stellen. Aber keine Angst, hier trinkt niemand aus der Regentonne und niemand stellt sich zum Duschen unter die Abflussrinne. Gleichwohl bildet die Trinkwassergewinnung für eine Insel immer eine besondere Herausforderung, zumal das Wasser der Nordsee aufgrund seines Salzgehalt ungeeignet ist beziehungsweise nur genießbar wäre, wenn es aufwendig entsalzt würde.

Auf Borkum bedient man sich derweil eines natürlichen Tricks: Regent es über der Nordseeinsel, so versickert ein großer Teil des Wassers im feinen Sand der Dünen und wird so ganz nebenbei erstmals gefiltert. Das auf natürliche Art vorgereinigte Wasser sammelt sich in einer Süßwasserlinse und lagert sich dort als Grundwasser ein.

Ermöglicht wird dieses Phänomen durch die Tatsache, dass die Dünen in weiten Teilen der Insel mehr als zehn Meter über dem Meeresspiegel aufragen. Das in den natürlichen Sandbergen eingelagerte Wasser drückt auf das tiefer liegende Salzwasser und verdrängt dieses. Dabei schwimmt die Süßwasserlinse vergleichbar einem Eisberg in bis zu 60 Metern Tiefe unter dem Meeresspiegel inmitten des Salzwassers.

In der Waterdelle und in den Ostlanddünen wird das wertvolle Nass mit Hilfe von Flach- und Tiefbrunnen an die Oberfläche befördert, bevor es von den örtlichen Wasserwerken aufbereitet und ins Leitungsnetz der Insel eingespeist wird. Die regelmäßigen, über das ganze Jahr verteilten Regenfälle machen Borkum so unabhängig von Wasserlieferungen vom Festland.

Das Wasser auf Borkum gilt als besonders rein, da es ausschließlich in Bereichen gewonnen wird, in denen weder Ackerbau noch Viehzucht betrieben werden. Entsprechend sickern auch keine Dünger oder Pflanzenschutzmittel in den Boden ein. Die größte Gefahr für die Trinkwasserversorgung wäre somit das Wegbrechen der Dünenlandschaft. Ein Grund mehr, sich nur auf den ausgewiesen Wegen in den Dünen zu bewegen.

Zahlen und Fakten

Fläche: ....36 Quadratkilometer
Länge:..........................10,7 Kilometer
Mittlere Breite:......................3 Kilometer
Größte Entfernung:..........17 Kilometer
Einwohner:..................................5.133
Bevölkerungsdichte:..167 Einwohner pro Quadratkilometer
Postleitzahl:..............................26757
Telefonvorwahl:..............................04922
Kfz-Kennzeichen:..........................LER

Geschichte

Geologisch und geschichtlich wird Borkum als Teil der ursprünglich weit größeren Insel Bant angesehen, welche unter den Namen Burchana fabaria (Bohneninsel) schon bei Plinius dem Älteren in die römische Geschichtsschreibung eingegangen ist. Bant umfasste die jetzigen Inseln Borkum, Juist und den Westteil von Norderney, und wurde insbesondere nach der Jahrtausendwende durch gewaltige Sturmfluten, die auch an der Küste große Veränderungen bewirkten, zerschlagen. Der Rest der Insel Bant, vor der Küste der Krummhörn südöstlich von Borkum gelegen, verschwand 1781.

Der Name „Borkum" lässt sich aus der Namensfolge „Burchana - Byrchanis - Borkna (1227) - Borkyn (1398) - Borckum (1462/1527)" herleiten.

Die erste urkundliche Erwähnung Borkums datiert aus dem Jahre 1398. Borkum war zur Zeit der Hanse Unterschlupf der Liekedeeler (Seeräuber) und später auch der niederländischen Wassergeusen, die gegen die Spanier kämpften. Herren der Insel waren ab 1464 die Grafen von Ostfriesland. Ihnen stand ein Teil der Strandungsgüter beziehungsweise der Erlöse aus dem Strandgut zu.

Mit dem Beginn des Walfanges im 17. Jahrhundert kamen die seefahrenden Borkumer erstmals zu gewissem Wohlstand. Sie stellten viele Kommandeure und Harpuniere insbesondere auf holländischen Schiffen. Im 18. Jahrhundert wurden die Fänge geringer. Der 4. Niederländisch-Englische Seekrieg (1780-1784) brachte den Walfang schließlich zum Erliegen.
Es begann eine Zeit großer Armut und großer Entbehrungen auf der strukturarmen Insel. Viele Einwohner verließen Borkum. Wurden 1776 hier noch 852 Einwohner gezählt, so schrumpfte die Bevölkerung bis 1811 auf gerade einmal noch 406 Personen.
Von 1810 bis 1813 stand Borkum unter napoleonischer Herrschaft. Zur

Durchsetzung der Kontinentalsperre mussten die Borkumer, Männer und Frauen, die sogenannte Franzosenschanze (◉ siehe Seite 72) herstellen.

Ab 1834 kamen die ersten Erholungssuchenden auf die Insel. 1844 wurde durch Dr. Ripking eine Art Verkehrsverein ins Leben gerufen und erste Badeeinrichtungen wurden geschaffen. Im Jahre 1850 wurden die Kurgäste erstmalig registriert. Es waren 252 Personen. 1857 zählte man bereits 600 Gäste und 1865 wurden 1.024 Gäste begrüßt. Bis 1900 erhöhte sich die Zahl der Badegäste auf 16.474 Personen und nahm von da an stetig zu.

Nicht unerwähnt bleiben sollte ein dunkles Kapitel der Borkumer Geschichte. Die Insel nahm traurigerweise im Rahmen des so genannten Bäder-Antisemitismus eine führende Rolle in Deutschland ein. Schon lange vor der Machtergreifung des Nazi-Regimes wurde Juden der Besuch der Insel untersagt. Schon 1897 warb Borkum in einem Inselführer damit, „judenfrei" zu sein. An einigen Hotels und Übernachtungsbetrieben waren Schilder mit der Aufschrift „Juden und Hunde dürfen hier nicht herein!" angebracht. Die offene Feindseligkeit gegenüber jüdischen Gästen kam auch im eigens komponierten Borkumlied zum Ausdruck. Zu den Klängen der Kurkapelle intonierten nicht wenige Gäste nahezu täglich das Borkumlied, in dem es unter anderem hieß:

„An Borkums Strand nur Deutschtum gilt,
nur deutsch ist das Panier.
Wir halten rein den Ehrenschild Germania für und für!
Doch wer dir naht mit platten Füßen,
mit Nasen krumm und Haaren kraus,
der soll nicht deinen Strand genießen,
der muß hinaus,
der muß hinaus!...

...„Borkum,
der Nordsee schönste Zier,
bleib du von Juden rein,
laß Rosenthal und Levinsohn in Norderney allein."

Mit dem offen zur Schau getragenen Antisemitismus gewann Borkum „völkisch-nationale" Gäste und setzte die Hetzparolen gezielt ein, um sich im Werben um die Gunst der Touristen von anderen Ostfriesischen Inseln, vor allem aber von Norderney abzusetzen.

Das fremdenfeindliche und rassistische Klima verschärfte sich noch in den 1920er Jahren, als der evangelische Pastor der Insel, Ludwig Münchmeyer (1885-1947), nicht müde wurde, öffentliche Hetzreden gegen

HIER LEYT
BEGRAVEN
GEESKE FOLKER
HUYS VROW
VAN · PIETE
G. MEYER · I
GEBOREN · DE
31 AUGUSTU

das Judentum zu schwingen. Das NSDAP- und spätere Reichstags-Mitglied, das 1928 Borkum verließ, erlangte in der Folge als „Reichsredner" des Nazi-Regimes traurige Berühmtheit und rührte die nationalsozialistische Werbetrommel.

Vereinzelt gab es Versuche, dem offenen Antisemitismus Einhalt zu gebieten. So ließ die Bezirksregierung in Aurich 1924 das Spielen des „Borkumliedes" verbieten und setzte auch Polizei ein, um dieses Verbot durchzusetzen. Doch das Amtsgericht Emden und danach auch das preußische Oberverwaltungsgericht hoben das Spielverbot wieder auf.

Die Nationalsozialisten konnten nach ihrer Machtübernahme an die antijüdische Propaganda anknüpfen, wobei die NSDAP nun die gezielte Steuerung übernahm. 1935 waren jüdische Urlauber vollständig von den Stränden der deutschen Nord- und Ostsee verdrängt - so auch auf Borkum Gleichwohl gab das Reichsinnenministerium im Sommer 1937 zusätzlich noch einen entsprechenden Erlass heraus, der den Juden den Urlaub an der deutschen Küste untersagte.

Parallel dazu entwickelte sich Bor-

Das Kriegsmahnmal an der Hindenburgstraße erinnert an die Kriegszeiten auf der Insel.

kum ab dem Jahre 1902 zu einem bedeutenden Militärstützpunkt und die Insel erhielt den Status einer Seefestung. Die Marine erweiterte für ihren Materialtransport auch den Umfang der Borkumer Kleinbahn mit mehreren Querverbindungen auf der Insel.

1934 begann Wernher von Braun mit Raketenversuchen auf Borkum. Die zwei Raketen der Baureihe Aggregat 2 (A2) mit den Namen Max und Moritz wurden mit einem Treibstoff aus Alkohol und Flüssigsauerstoff angetrieben und mittels eines Stabilisierungskreisels gesteuert. Bei den Testflügen auf Borkum erreichten sie eine Höhe von 2.200 Metern. Nach den erfolgreichen Testflügen wurde die Raketenforschung in die Raketen-Versuchsanstalt Peenemünde auf der Insel Usedom verlagert.

Nach Beendigung des Zweiten Weltkrieges und der daraufhin erfolgten Neustrukturierung der Bundesrepublik Deutschland wurde Borkum dann 1946 Teil des Landkreises Leer sowie des Bundeslandes Niedersachsen und 1950 wurden Borkum die Stadtrechte verliehen.

1957 richtete die neugegründete Bundesmarine den Marinestützpunkt Borkum ein, der in den nächsten Jahren vor allem Landungsboote beheimatete. Außerdem gab es mehrere Landtruppenteile der Marine, darunter ab 1969 die Seemannschaftslehrgruppe. In der Folge entstanden zahlreiche Arbeitsplätze bei der Bundeswehr, die zeitweise über 20 Prozent der sozialversicherungspflichtigen Dauerarbeitsverhältnisse der Insel ausmachten. 1996 wurde die Seemannschaftslehrgruppe aufgelöst und sämtliche Arbeitsplätze bei der Bundesmarine gingen verloren. Die militärischen Schulungsaufgaben wurden hauptsächlich nach Stralsund verlegt. Die ehemalige Kaserne wurde schließlich in Europas größte Jugendherberge (◉ siehe Seite 95) umgewandelt.

Das Inselmuseum beherbergt viele Schätze.

Geschichte im Zeitraffer

47 n. Chr. – Als römischer Kriegsberichterstatter spricht Plinius der Ältere über die friesischen Inseln, deren berühmteste „Burcana" sei.

9./10. Jahrhundert – Die Großinsel „Bant" wird in zwei Teile gerissen.

1398 – Borkum wird erstmals urkundlich erwähnt.

1464 – Borkum fällt an den Grafen von Ostfriesland.

1576 – Bau des Alten Leuchtturms.

17. Jahrhundert – Die Zeit des Walfangs beginnt.

1744 – Borkum wird dem Königreich Preußen zugeschlagen.

1807 – Borkum wird Teil des Königreichs Holland.

1810 – Borkum wird Teil des französischen Kaiserreichs.

1813 – Borkum wird wieder Teil von Preußen.

1815 – Borkum wird dem Königreich Hannover zugesprochen.

1844 – Auf Initiative von Dr. Ripking wird ein Verkehrsverein zur Vermittlung von Übernachtungsmöglichkeiten begründet.

1846 – Borkum wird Meeresheilbad, nachdem Dr. Ripking erstmals kranke Kinder für drei Wochen aufnimmt.

1866 – Ostfriesland – und damit auch Borkum – werden abermals Teil von Preußen.

1869 – Am, Nordweststrand werden erstmals Buhnen zur Strandsicherung errichtet.

1879 – Eine Pferdebahn verkehrt von der Reede zum Ort.

1879 – Große Teile des Alten Leuchtturms werden bei einem Feuer zerstört.

1879 – Der Neue Leuchtturm wird in der Rekordzeit von sechs Monaten errichtet.

1882 – Die katholische Kirche Maria Meeresstern wird fertig gestellt.

1888 – Eine Dampflokbahn löst die Pferdebahn ab.

1889 – Der Kleine Leuchtturm am Südstrand wird in Betrieb genommen.

1891 – Borkum erhält eine Kanalisation.

1897 – Die Reformierte Kirche wird fertig gestellt.

1899 – Auf Borkum wird eine Kurtaxe eingeführt.

1899 – Die lutherische Christuskirche wird fertig gestellt.

1900 – Die Reichspost nimmt auf Borkum die erste amtlich betriebene Küstenfunkstelle der Welt in Betrieb.

1902 - Kaiser Wilhelm II. verleiht Borkum den Status einer Seefestung. Geschützstellungen und Bunker werden auf der Insel errichtet.

1903 – Die Borkumer Kleinbahn- und Dampfschiffahrts-AG erlebt ihre Geburtsstunde.

Der Zaun aus Walkinnladen zeugt von alten Zeiten.

1917 – Im Gedenken an General Otto von Emmich wird das das Emmich-Denkmal errichtet.

1946 – Borkum wird Teil des Landkreises Leer und des Bundeslandes Niedersachsen.

1950 – Borkum werden die Stadtrechte verliehen.

1988 – Die Borkumriff wird als letztes deutsches Feuerschiff außer Dienst gestellt.

1996 – Auf dem Gelände der ehemaligen Marine-Seemannschaftslehrgruppe der Bundeswehr eröffnet das Deutsche Jugendherbergswerk eine Jugendherberge.

2003 – Der Kleine Leuchtturm am Südstrand hat ausgedient.

2005 – Nach umfangreichen Umbaumaßnahmen eröffnet das Gezeitenland.

2005 – Die Sozialdemokratin Kristin Mahlitz wird erste hauptamtliche Bürgermeisterin Borkums.

2012 – Die Promenade am Nordstrand wird nach umfangreichen Renovierungsarbeiten fertig gestellt.

Das Inselmuseum beherbergt viele Schätze.

Politik

Der jeweils auf fünf Jahre gewählte Rat der Stadt Borkum besteht aus 16 Ratsfrauen und -herren. Stärkste Partei ist seit der Kommunalwahl 2011 mit sechs Sitzen die CDU vor der SPD mit fünf Sitzen. Außerdem stellen Die Grünen vier Ratsmitglieder und die FDP ein Ratsmitglied. Stimmberechtigt ist außerdem der hauptamtliche Bürgermeister. Dieser ist seit 2011 der parteilose Georg Lübben, der nach der Sozialdemokratin Kristin Mahlitz, die von 2005 bis 2011 an der Spitze von Rat und Verwaltung stand, der zweite hauptamtliche Oberbürgermeister in die Geschichte Borkums. Bei der Bürgermeisterwahl am 11. September 2011 holte er mit 52,5 Prozent aller Stimmen die absolute Mehrheit. Die nächste Kommunalwahl steht turnusgemäß 2016 an.

Wirtschaft

Das lange nur spärlich besiedelte Eiland verfügte in längst vergangenen Jahrhunderten nur über wenige Einnahmequellen. Das Gros der wenigen Hundert Einwohner lebte überwiegend von der Landwirtschaft und dem Fischfang. Daneben sorgte Strandgut für eine Zusatzeinnahme – vor allem in Zeiten, als es noch keinen Leuchtturm gab und immer wieder Schiffe

Der Hafen von Borkum - Einfallstor für die meisten Urlauber.

Badegäste auf Borkum um 1920

in der Westerems havarierten. Doch die Freude über das Strandgut wurde durch die Tatsache gedämpft, dass Teile des Erlöses an die Grafen von Ostfriesland, die ab dem 14. Jahrhundert die Herrscher über die Insel waren, abgetreten werden mussten.

Im 17. und 18. Jahrhundert verdienten sich dann viele Borkumer als Harpuniere und Kommandeure auf holländischen Walfangbooten. Zwar bedeutete dies, dass die Männer oft monatelang von Zuhause weg waren. Dafür brachte ihnen der Walfang großen Wohlstand. Der Ausbruch des holländisch-englischen Seekriegs im 19. Jahrhundert ließ diese lukrative Einnahmequelle versieden.

In der Folge ging die Einwohnerzahl wieder rapide zurück. Der Tiefpunkt war im Jahre 1811 erreicht, als Borkum gerade einmal noch 411 Einwohner zählte. Nach der napoleonischen Herrschaft in der Zeit von 1810 bis 1813 kamen ab 1834 die ersten Urlauber, hauptsächlich begüterte Bürger aus Emden, auf die Insel. Zehn Jahre später, 1844, entstanden erste Badeeinrichtungen und der Tourismus wurde als Einnahmequelle entdeckt. Und so stieg die Einwohnerzahl ab 1850 wieder an. Schon 40 Jahre später lag die Einwohnerzahl bei 1.200 und erreichte im Jahre 1975 mit 8.495 Einwohnern einen Höchststand. Seither ist die Zahl der Inselbewohner wieder rückläufig, auch weil es vor allen jungen Menschen an beruflichen Perspektiven mangelt. Und so sind heute auf Borkum ganzjährig gerade einmal gut 5.100 Menschen zu Hause.

Geblieben ist der Tourismus als wichtigster Wirtschaftszweig. Für einen kurzzeitigen Rückschlag sorgten die beiden Weltkriege. Nach Kriegsende mussten zunächst zahlreiche militärische Einrichtungen beseitigt werden. Alte Bunker behinderten noch jahrzehntelang die Nutzung des Sandstrandes. Die Beseitigung der Stahlbetonklötze war mit erheblichen Kosten verbunden. Und so wundert es wenig, dass heute noch in den Dünen hier und da überwucherte Bunker als mahnende Zeugen an die Kriegswirren zu finden sind.

Wie groß die Bedeutung des Tourismus für die Insel ist, lässt sich auch an ein paar Fakten ablesen: Heute stehen den Besuchern der Insel rund 18.000 Betten zur Verfügung.

Auch außderhalb der Hauptsaison zieht Borkum Gäste an - Warme Kleidung im Gepäc ist Pflicht.

Jährlich kommen mehr als 240.000 Besucher nach Borkum. Diese bleiben im Schnitt 9,6 Tage. Hinzu kommen mehr als 60.000 Tagesgäste pro anno.

Dass der Tourismus auf Borkum derart boomt, hängt sicher auch damit zusammen, dass es hier keine größeren Fabriken oder Industrieanlagen gibt. Seit 2010 existiert auf dem Gelände der ehemaligen Mülldeponie, die in den 1990er Jahren ausgedient hatte, ein Solarpark. Mit der Installation der Photovoltaikanlage trägt die Betreibergesellschaft SB Solarpark Borkum GmbH der Tatsache Rechnung, dass Borkum zu den sonnenreichsten Flecken in Deutschland gehört. Mit den mehr als 7.700 Solarmodulen produziert die im Mai 2011 offiziell in Betrieb genommene Anlage 1,4 Millionen Kilowattstunden Strom. Eine Menge, die ausreicht, um gut 300 Haushalte energietechnisch zu versorgen. Gleichzeitig kann so der CO2-Ausstoß auf der Insel um jährlich rund 1.000 Tonnen verringert werden.

Ganz auf natürliche Ressourcen setzt auch der Energiekonzern EWE, der im Juni 2012 nur 15 Kilometer nordwestlich von Borkum nahe dem Naturschutzgebiet Borkum Riff mit dem umstrittenen Bau des 450 Millionen Euro teuren Windparks Riffgat begann. Ab Sommer 2013 produzieren hier die 30 Windkraftanlagen stolze 108 Megawatt Strom, mit denen bis zu 120.000 Haushalte beliefert werden können. So sinnvoll der Einsatz von erneuerbaren Energien auch ist, so sehr ärgert die Borkumer, dass der Windpark ausgerechnet in Sichtweite des populären Nordstrandes liegt und mit seinen Windrädern wie mahnende Zeigefinger am Horizont aus der Nordsee ragt, zumal auch südlich von Borkum im Bereich der Emsmündung nördlich von Emden bereits ein Windpark in den Blick fällt.

Bereits 2008 erteilte das Bundesamt für Seeschifffahrt und Hydrographie die Genehmigung für den Bau des Offshore-Windparks Borkum West. Rund 45 Kilometer vor der Küste Borkums baut das Energieversorgungsunternehmen Trianel, ein Konsortium, an dem 33 Stadtwerke-Unternehmen beteiligt sind, für ein Investitionsvolumen von fast einer Milliarde Euro seit 2012 einen Windpark mit insgesamt 80 Windenergieanlagen, die ab 2014 zusammen 400 Megawatt Strom erzeugen sollen.

Lieblingsplätze

„Der Strandabschnitt hinter dem

FKK-Strand, wo nach 18 Uhr keine Menschenseele mehr anzutreffen ist, ist sicher mehr als ein Geheimtipp. Mit einem Bierchen aus der Strandsauna in der Hand lassen sich hier herrliche Abendstunden genießen." - meint Susanne Westermann, langjährige Kurdirektorin von Borkum,

Sprache

Wie überall in Ostfriesland wird auch auf Borkum neben Hochdeutsch nach wie vor Platt gesprochen. Einige Begriffe und Ausdrücke des Borkumer Platts sollte ein jeder kennen. Hier ein wenig „Borkumerisch für Anfänger":

Badegasten--------------Urlaubsgäste
Bliedskupp......................................Freund
Büxenschieter........................Angsthase
Froulü..Frauen (auch für „Frauentoilette" genutzt)
Hartleg Willkoomen...............Herzlich Willkommen
Husenbusensaterdag....der Samstag vor Ostern
Huulbessen.........................Staubsauger
Hüsche...Toilette
Mannlü.................................Herren (wird auch für „Herrentoilette" genutzt)
Michamel......................................Ameise
Moin................................Guten Morgen, Guten Tag, Guten Abend
Pottkiekern.........Neugierige, die dem Koch in den Topf gucken
Proost....................................Zum Wohle
Quarkbüddel..........................Schwätzer
Smalkelk Eten................Guten Appetit
Tuffelschluffkes..............Reibekuchen

Leute

Zwar zählt Borkum rund 5.200 Einwohner. Doch die wenigsten von ihnen sind echte Borkumer. Und dies, obwohl viele von ihnen ihr ganzes Leben auf der Insel verbracht haben. Grund für dieses Phänomen ist auch nicht, dass die Borkumer ihren ehelichen Pflichten nicht nachkommen oder dass die Insel vom Aussterben bedroht ist. Vielmehr ist dieser Umstand der Tatsache geschuldet, dass bei Geburten ein Anästhesist in der Nähe sein muss, falls es zu Komplikationen kommt. Und da es einen solchen auf Borkum nicht gibt, werden die Schwangeren kurz vor der Niederkunft mit dem Hubschrauber nach Emden oder ins niederländische Groningen gefligen, so dass viele Borkumer heute tatsächlich gebürtige Niederländer sind.

Weit verbreitet ist auf der Insel übrigens der Name Akkermann. Fast hat man den Eindruck, der Akkermann-Clan würde das Gros der Restaurants und touristischen Einrichtungen in seinen Händen halten. Dabei sind viele „Akkermän

Nordstrand mit Musikpavillion.

ner" untereinander gar nicht oder nur um sieben Ecken verwandt. Das örtliche Telefonbuch listet allein rund 80 „Akkermänner". Einer von ihnen ist Albertus Akkermann, ein Akkordeon spielender Wattführer und der Frontmann der Musikgruppe „Triangel", die am 22. Juni 2010 einen ungewöhnlichen Weltrekord aufstellte, als sie an einem einzigen Tag auf allen Ostfriesischen Inseln ein (kurzes) Konzert gaben.

Zu den berühmten Gästen, die regelmäßig auf Borkum urlauben, zählen der frühere Bundesarbeitsminister Norbert Blüm und Komiker Mike Krüger. Alt-Bundeskanzler Gerhard Schröder besitzt sogar ein eigenes Ferienhaus auf Borkum. Und auch Schauspieler Hannes Jaenicke gilt als bekennender Borkum-Fan, seit er im Jahre zu 2010 hier zu Dreharbeiten weilte. Besonders von den Wassersportmöglichkeiten, die er als die besten an der gesamten Nordsee bezeichnet, ist der Mime begeistert.

In früheren Zeiten gehörten Dichter und Schriftsteller wie Gottfried Benn (1886-1956), Wilhelm Raabe (1831-1910) und Wilhelm Busch (1832-1908) zu den bekanntesten Badegästen. Letzterer kam zwischen 1876 und 1879 in jedem Sommer auf Deutschlands westlichste Insel und dies, obwohl ihm bei seiner ersten Seereise nach Borkum, wie er es augenzwinkernd formulierte, „eine seekranke Dame eine Art Pastetenfüllung ins Ohr verpasste."

Im Jahre 1879 hat Wilhelm Busch, der in Köhlers Strandhotel, dem heutigen Hotel Europa nächtigte, auf Anregung seiner Vermieterin Hermine unter dem Titel „Pieter Dorenkats Erfindung" ein Gedicht zu Papier gebracht, das bis heute als Hommage an die Insel gilt:

Hermine sagte mir, sie wollte,
daß ich ihr mal was dichten sollte.
Ich sagte ja! Und also hüh!
Fährt jetzt mein Geist per Phantasie
nach Borkum, legt sich auf die Düne
und dichtet was für die Hermine.

Von einer Düne sieht man weit.
Das Meer ist voller Flüssigkeit.
Das Ostland ist an Möwen reich.
Die jungen Möwen hat man gleich;
die Eltern aber schrein und tüten
und schweben über unsern Hüten.
Hier ist der Entoucas zu loben,
nicht alles Gute kommt von oben.

Zu Upholm wird das Schaf gemelkt.

Die Einwohner von Borkum müssen sturmerprobt sein (oben) und kennen sich auf der Insel aus.

Badezeiten
Täglich.
Hochwasser
Heute:
Morgen:
Temperatur
Wasser: 17°C
Luft:
Badezonenkennzeichnung
Flags and zones

Der Musikpavillion bietet Raum für Konzerte und Lesungen.

Die Kuh will Futter, wenn sie bölkt.
Der Kuhhirt sammelt viele Kühe
durch lautes Tuten morgens frühe,
dies weckt den Fremden unvermutet;
so daß er fragt, wer da so tutet.

Am Strande aber geht man froh
erst so hin und dann wieder so;
man sieht ein Schiff, tritt in die Qualle,
hat Hunger, steigt in diesem Falle
zur Giftbutike kühn herauf,
erwirbt ein Butterbrot durch den Kauf
und schlürft, wenn man es nötig hat,
den vielberühmten "Dorenkat";
ein Elixier, was notgedrungen,
durch ein Malör dazu gezwungen
vor hundert Jahren hierzuland
von Pieter Dorenkat erfand.

Es war'ne schwüle, dunkle Nacht;
der Pieter hält am Strande Wacht.
Was ist das für ein heller Schein?
Das ist ein Schifflein, hübsch und klein.
Es leuchtet helle, segelt schnelle,
schwebt immer auf der höchsten Welle,
ist ganz von Rosenholz gezimmert,
sein Segel ganz von Seide flimmert;
hat eine Flagge aufgehißt,
worauf ein Herz zu sehen ist;

und lächelnd steht auf dem Verdeck
ein Knabe, lockig, blond und keck,
der durch ein Flügelpaar geziert
und Köcher, Pfeil und Bogen führt.-
Da geht es kracks!-!- und an dem Riff
zerschellt das kleine Wunderschiff.-
Pechschwarze Nacht. - Bald blickt jedoch
der Mondschein durch ein Wolkenloch.-
Herausgespült und hingestreckt,
wie tot, von Seetang überdeckt,
liegt da der Knabe auf dem Strand,
mit Pfeil und Bogen in der Hand.
Der Pieter, der ein guter Tropf,
frottiert ihn, stellt ihn auf den Kopf,
bläst ihm ins Mündchen, ja und richtig,
der Bursche wird wieder lebenstüchtig,
springt auf, ist schrecklich ungezogen,
nimmt seinen Pfeil, spannt seinen Bogen,
schießt Pietern durch die dicke Jacke,
wird eine Möwe, macht : gagacke!
Und ist verschwunden.- Welche Schmerzen
fühlt Pieter Dorenkat im Herzen!!!-
Er mag nicht gehn, er mag nicht ruhn,
er mag nicht essen, mag nichts tun;
er klagt dem Trientje seine Qual,
der aber ist es ganz egal.
Am liebsten möcht' er sich erhängen
und töten sich durch Halsverlängern,
doch Borkums Bäume sind zu niedrig,
was für den Zweck gar sehr zuwidrig.
So sammelt er denn schließlich Kräuter;
kocht, destilliert sie und so weiter,
bis eine Quintessenz zuletzt
sich aromatisch niedersetzt.
Hier wäscht er sich mit auß= und innen,
und schau! Die Schmerzen ziehn von hinnen.-

Bald wird es weit im Reiche kund,
was dieser Dorenkat erfund.
Gar mancher will das Tränklein kosten,
bezieht es dann in großen Posten,
so daß der Pieter sich fortan
vor lauter Geld nicht bergen kann.
Jetzt fragt er Trientje: Wutt du mi?
"Ja gliek, Mynheer!" erwidert sie.
Drauf legt er sein Geschäft nach Emden,
trägt goldne Knöpfe in den Hemden,
und heute noch ist "Dorenkat"
für Leib- und Seelenschmerz pro-

bat.-

Ach ich war mal - - -
Wer klopft denn hier
grad jetzt an meine Stubentür?
Der Dichtung langer Faden reißt,
der Zug des Herzen ist entgleist,
mein Geist kehrt wieder von der Düne,
Adieu, Hermine!

Humor

Eine der Eigenarten der Ostfriesen, zu denen ja auch die Borkumer gehören, ist der trockene Humor. Diesem begegnet man nicht nur beim Gespräch mit den Insulanern, sondern auch beim Gang über die Insel. So findet sich vor dem Eingang des Campingplatzes an der Hindenburgstraße eine spezielle Hunde-Bar, wo die hechelnden Schwanzwedler ihre Kehle statt mit Wasser wahlweise mit Sekt, Rum oder Whisky benetzen können. Auch wenn die bereitgehaltenen Näpfe natürlich inhaltlich nicht das halten, was sie versprechen, sondern nur „Kranenberger" enthalten.

Gleich gegenüber hilft eine Tafel in Kombination mit einem dicken Stein an einer Kette das Wetter auf der Insel zu begreifen. Dort heißt es unter anderem: „Stein naß – Regenwetter", „Stein weiß – Schneefall", „Stein unter Wasser – Sturmflut", „Stein voll Möwendreck – Scheißwetter" und „Stein fehlt – kein Wetter".

Und während sich der eine oder andere über die mitunter happigen Preise der Inselgastronomie ärgert, hat mit dem Upholm-Hof, der sich selber als größtes Scheunenrestaurant der Ferieninsel bezeichnet, ein gastronomischer Betrieb die Flucht nach vorn angetreten und in einer hauseigenen Postille, die viermal jährlich erscheinende „Upholm-Hof Zeitung", die Gründe für die vermeintliche Preistreiberei, für alle, die Zweifel an der Rechtmäßigkeit der Rechnungssumme haben, wie folgt erklärt:

„Nachdem wir die Schankerlaubnis-, Getränke-, Mehrwert-, Einkommen-, Vermögens-, Grundvermögens-, Gewerbekapitals-, Gewerbeertrags-, Lohn-, Lohnsummen-, Kirchen-, Hunde- und Kapitalsertragssteuer bezahlt, Beiträge zur Krankenkasse, Berufsgenossenschaft, Familienausgleichskasse, Invaliden-, Angestellten-, Arbeitslosen-, Lebens-, Feuer-, Einbruchs-, Unfall- und Haftpflichtversicherung, die Gebühren für Gas, Wasser, Elektrizität, Heizung,

Die Borkumer lieben Geselligkeit und Humor.

Gymnastik am Strand - Ein Vergnügen für Jung und Alt.

Müllabfuhr, Schornsteinfeger, Telefon, Zeitungen, Zeitschriften, Radio, Gema usw. errichtet haben, bleibt uns für diesen Monat nur noch das Geld für diese Reklame übrig und sie zu bitten, unser Restaurant durch Ihren Besuch auch weiterhin zu unterstützen. Für Ihren Besuch danken Ihnen das zuständige Finanzamt sowie die Geschäftsleitung des Upholm-Hof."

Ein Appell, der einem fraglos durch Mark und Bein geht und dazu führt, dass man automatisch noch ein Bierchen oder Weinchen mehr trinkt und auch auf den Nachtisch nicht verzichtet, bevor sich jeder Gast beim Begleichen der Rechnung mit Blick auf das Trinkgeld fragt: „Darf es auch ein bisschen mehr sein?"

Strand

Nicht von ungefähr wird Borkum mit seinen 26 Kilometern Strand gerne liebevoll als einer der größten „Sandkästen" der Nordsee bezeichnet. Mit dem Nord-, Süd- und Jugendstrand verfügt die Insel gleich über drei bewachte Strandabschnitte entlang der rund sechs Kilometer langen Promenade. Die bis zu 500 Meter breiten Strandabschnitte verfügen über sanitäre Anlagen und so genannte Milchbuden, kleine Kioske und Lokale, in denen Speisen und Getränke vorgehalten werden. Liegen und Strandkörbe können hier gegen ein Entgelt geliehen werden. Zudem wird am Nord- und Südstrand von Mai bis Oktober eine Strandanimation angeboten.

Großer Beliebtheit erfreut sich auch der inmitten ausgedehnter Dünen gelegene FKK-Strand, an dem als Besonderheit auch eine Strandsauna zu finden ist. Und auch für Hunde gibt es spezielle Strandabschnitte am Nord-, Süd- und FKK-Strand.

Wer seinen Strandaufenthalt aktiv gestalten möchte, findet hier optimale Bedingungen zum Windsurfen, Kitesurfen, Paddeln oder Segeln. Die weitläufigen Strände bieten zudem Platz für allerlei Ballspiele vom Beachvolleyball bis hin zum Fußball, aber auch für einen strammen Spaziergang, für Nordic Walking Touren oder eine Joggingrunde. Auch Strandsegler kommen auf Borkum voll auf ihre Kosten, ebenso Reiter, denen bestimmte Strandabschnitte offen stehen.

Am Nord- und Südstrand stehen für Behinderte spezielle Ballon-Rollstühle zur kostenlosen Ausleihe zur Verfügung.

Strandvergnügen: Buddeln, Baden, Faulenzen.

Speziell für Hundebesitzer und ihre Tiere stehen ausgewiesene Hundestrände am Nord-, Süd- und FKK-Strand zur Verfügung. Die Tiere dürfen dort ausgeführt werden. Allerdings müssen sie angeleint sein und ihre etwaigen Hinterlassenschaften müssen von den Haltern beseitigt werden. An zahlreichen Stellen auf Borkum stehen zu diesem Zweck Spender mit Plastikbeutel für eine Entsorgung kostenfrei zur Verfügung.

Freizeitangebote

Angeln

Freies Fischen ist in den Küstengewässern, vor den Buhnen und im Hafen gestattet. Am größten ist hier die Wahrscheinlichkeit, eine Scholle, einen Dorsch, einen Seeteufel, eine Makrele oder einen Aal an Land zu ziehen. Nicht gestattet ist das Angeln im Nationalpark Wattenmeer. Daneben besteht die Möglichkeit, im Hoppschlot, einem Vereinsgewässer, zu angeln. Hierfür ist allerdings der Erwerb einer Gastkarte erforderlich.

◉ Telefonische Informationen gibt es unter ◉ 04921-1887.

Boule

In der Parkanlage am Georg-Schütte-Platz befindet sich ein frei zugänglicher Boule-Platz, wo sich bei gutem Wetter die Freunde des vor allem in Südeuropa beliebten Kugelspiels treffen.

Geistertouren

Wer Borkums dunkle Seite kennen lernen möchte, sollte an einer der Geisterstunden teilnehmen. Bei diesen Touren wird nach Einbruch der Dunkelheit der Frage nachgegangen, ob auf der Nordseeinsel immer alles mit rechten Dingen zugegangen ist. Der Stadtrundgang führt auf den Spuren von Verbrechen, verschmähter Liebe und Übermut durch die Straßen und Gassen der 5.200-Seelen-Gemeinde.

◉ Watthanse, ◉ 04922-697, info@watthanse.de, www.watthanse.de

Geocaching

Die moderne Form der Schatzsuche mit Hilfe von Smartphones oder GPS-Empfängern erfreut sich auch auf Borkum wachsender Beliebtheit. An zahlreichen Stellen der Insel befinden sich sogenannte Caches. Diese Verstecke bestehen zumeist aus wasserdichten Behältern, in denen ein Logbuch – und oft auch kleine Geschenke oder Be-

Petri heil - mit etwas Glück kann man auch auf Borkum sein Abendessen selber fangen

lohnungen - zu finden ist. Anhand der GPS-Koordinaten versuchen Geocacher diese Verstecke ausfindig zu machen. Hinweise auf diese Caches finden Geocaher im Internet unter www.geocaching.com, www.opencaching.de und unter www.borkum.de. Den offiziellen Borkum Cache findet man übrigens unter N 53° 35.262 E 006° 39.816.

Gezeitenland

Das Gezeitenland war zu seiner Einweihung das größte Meerwasser-Wellenhallenbad in Europa. Seit seinem Umbau und der Wiedereröffnung im Sommer 2005 wird es als modernes Freizeit- und Spaßbad genutzt. Neben dem Sportschwimmbecken gibt es in der 8.000 Quadratmeter großen Wellness-Oase unweit des Nordstrands unter anderem eine Sauna, ein Kinderbecken sowie ein Außenbecken mit Blick auf die Nordsee. Eine Besonderheit ist auch der Flow-Rider, bei dem auf einer künstlichen Welle indoor gesurft werden kann.

◉ Gezeitenland, Goethestraße 27, 26757 Borkum, ◉ 04922-9333650, www.gezeitenland.de.

Glücksspiel

Der Name weckt hohe Erwartungen, die jedoch nicht erfüllt werden. Denn die Spielbank Borkum ist zwar ein großer Glückspieltempel, allerdings nur mit Automaten. Roulette oder Kartenspiel werden nicht angeboten. Zutritt ist erst ab 18 Jahren. Spielzwang besteht nicht.

◉ Spielbank Borkum, Georg-Schütte-Platz 6, 26757 Borkum, ◉ 04922-91800

Inselrundfahrten

Zwischen Anfang April und Ende Oktober bietet die Borkumer Kleinbahn täglich ab dem Borkumer Busbahnhof Inselrundfahrten an. Die sachkundigen Busfahrer verraten unterwegs Wissenswertes über die Geschichte und die Sehenswürdigkeiten der Insel. Diese Touren dauern 90 Minuten. Die Abfahrt erfolgt jeweils um 14 Uhr.

Für Nostalgiker werden zudem an ausgewählten Terminen zweistündige Inselrundfahrten mit einem historischen Bus angeboten. Der dazu verwendete Mercedes Benz 0 3500 ist Baujahr 1951 und bietet lediglich 27 Personen Platz. Termine und Tarife sind bei der Borkumer Kleinbahn zu erfahren.

Eine Besonderheit sind daneben Fahrten mit einem liebvoll restau-

Wasservergnügen bietet das Gezeitenland.

rierten Stück Bahngeschichte, dem Wismarer Triebwagen T1 aus dem Jahre 1940, unter Kennern auch „Schweineschnäuzchen“ genannt. Die einstündige Fahrt verläuft vom Bahnhof zum Hafen und zurück. Auf dieser Strecke wird zudem regelmäßig eine nostalgische Sonderfahrt mit einem historischen Dampfzug aus dem Jahre 1940 angeboten. Termine und Tarife sind ebenfalls bei der Borkumer Kleinbahn zu erfahren.

◉ Borkumer Kleinbahn, ◉ 04922-3090, www.borkumer-kleinbahn.de

Kino

Das Kino in der Borkumer Kulturinsel zeigt wöchentlich wechselnde Vorstellungen aktueller Kinofilme. Das Programm kann telefonisch abgerufen werden.

◉ Filmtheater mitten im Meer, Goethestraße 25, 26757 Borkum, ◉ 04922-9249211

Kletterpark

Auf über 60 Stationen – zum Großteil mit Blick auf die Nordsee – bietet der Kletterpark Kraxelmaxel im Schatten der Kulturinsel eine abwechselungsreiche Herausforderung für alle großen und kleinen Klettermaxe. Wer im Hochseeklima einmal hoch hinaus will, ist hier genau richtig. Auf verschiedenen Parcours mit unterschiedlichen Schwierigkeitsgraden können sich Wagemutige durch luftige Höhen vorarbeiten und ihre Geschicklichkeit unter Beweis stellen. In bis zu zehn Metern Höhe gilt es dabei über Seile zu balancieren, sich mit einer Liane von einer Plattform zur nächsten zu schwingen oder mit Hilfe einer Strickleiter Pfähle zu erklimmen. Über Fender, Rettungsringe, schwankende Brücken und Holzrohre bahnen sich die mit Klettergurten und Helmen gesicherten Besucher unter den Argusaugen von Sicherheitstrainern ihren Weg durch den Parcours.

◉ Kraxelmaxel, Goethestraße 25, 26757 Borkum, ◉ 04922-57001100, www.kraxelmaxel.de

Krabbenfang

Wer immer mal wissen wollte, wie an längst vergangenen Tagen die Krabben gefangen und zubereitet wurden, kann eine Einführung in den traditionellen Krabbenfang mitmachen. Mit speziellem Fanggerät, dem Schiebhamen, wird am Hauptstrand hüfttief im Wasser stehend Jagd auf die kleine Garnelenart gemacht. Anschließend erfahren die Teilnehmer, wie die Krabben

Im Kletterpark geht es hoch hinaus. (oben). Eine Kutschfahrt am Strand bleibt unvergeßlich.

fachgerecht gepult und zubereitet werden.

◉ Watthanse, ◉ 04922-697, info@watthanse.de, www.watthanse.de

Kutschfahrten

Täglich um 11 und um 14 Uhr starten an der Tourist-Info zwei- bis zweieinhalbstündige Inselrundfahrten mit der Kutsche. Tickets gibt es im Zeitschriften- & Tabakladen Viehring am Bahnhof. Telefonische Informationen sind bei Rundfahrten Tasto unter ◉ 0171-2122772 oder unter ◉ 04922-3385 erhältlich.

Parallel dazu starten täglich um 10 und um 14.30 Uhr Kutschfahrten zu den schönsten Stellen der Insel am Kaufhaus Henny Akkermann in der Bismarckstraße. Informationen online unter www.ommo-borkum.de oder unter ◉ 0172-9463749.

Tideabhängig finden etwa einstündige Kutschfahrten zu den Seehundbänken statt. Tickets gibt es im Zeitschriften- & Tabakladen Viehring am Bahnhof. Telefonische Informationen sind unter ◉ 0151-19513852 erhältlich.

Mit zwei PS startet auch die Fuhrhalterei Lübben je nach Gezeiten über den Strand zur Seehundsbank. Die Anmeldung und Abfahrt erfolgt bei der Parfümerie Marie-Luise, Obere Bismarckstraße 43. Informationen unter www.fuhrhalterei-luebben-borkum.de oder unter ◉ 0175-6815024.

Lesewerkstatt

Jeweils mittwochs um 20 Uhr stehen in der Literaturwerkstatt die „Literaturerlebnisse" auf dem Programm. In gemütlicher Atmosphäre werden dann verschiedene Bücher vorgestellt und besprochen. Jeweils samstags um 10 Uhr heißt es dann „Kreatives Lesen". Im Rahmen dieser Veranstaltung werden verschiedene Kinder- und Jugendbücher vorgestellt, vorgelesen und der Inhalt in Form von Bastel- oder Spielaktivitäten umgesetzt.

◉ Lesewerkstatt Sonja Runte, Hindenburgstraße 18, 26757 Borkum, ◉ 0160-99693259

Minigolf

Wer seine Geschick im Umgang mit Schläger und Ball auf einem kleinen Parcours mit 18 Stationen und verschiedenen Hindernissen ausprobieren möchte, findet wenige Gehminuten vom Nordstrand an der Ecke Hindenburgstraße und Engelse Pad einen an die Dünen gren-

Nordic Walking erfreut sich auf der Insel großer Beliebtheit.

zenden Minigolfplatz vor. Schläger und Bälle werden selbstverständlich gestellt.

◉ Minigolf und Fahrradverleih Van Raden, Hindenburgstraße/Engelse Pad, 26757 Borkum, ◉ 04922-924040, www.fahrradverleih-vanraden.de.

Nordic Walking

Die halbe Insel geht im positiven Sinne "am Stock". Denn Borkum ist als Nordic Aktiv Walking Zentrum des Deutschen Skiverbandes ausgezeichnet worden. Insgesamt stehen acht ausgeschilderte Routen mit unterschiedlichen Schwierigkeitsgraden und Längen für Nordic Walker zur Verfügung. Die kürzeste Runde misst gerade einmal 1,9 Kilometer Länge, während sich die längste Route über 10,8 Kilometer erstreckt. Stöcke können gegen Gebühr im Gezeitenland,, Goethestraße 27, 26757 Borkum, ◉ 04922-9333650, www.gezeitenland.de, geliehen werden .

Piratentour

Auf den Spuren von Freibeuter Klaus Störtebeker lässt sich bei einer kombinierten Fuß- und Radwanderung die Moorlandschaft der Greuner Stee, des Borkumer Inselwaldes, sowie die angrenzenden Woldedünen

Sowohl im Inselinneren...

...als auch an der Küste ist Rad fahren auf Borkum ein wahres Vergnügen.

erkunden. Neben jeder Menge Seemansgarn und wahren Geschichten über die Seefahrt rund um Borkum fehlt natürlich auch ein Blick auf das Leben des berühmten Freibeuters nicht. Störtebeker wurde nach seiner Gefangenname im Jahre 1401 mit rund 30 Gefährten bei Hamburg enthauptet. Der Legende nach soll er zuvor ausgehandelt haben, dass all jene Männer überleben durften, an denen er nach seiner Enthauptung noch vorbeizugehen vermochte. An elf Männern schritt der Geköpfte vorbei, bevor ihm der Henker den Richtblock vor die Füße warf. Mit ins Grab genommen hat Störtebecker allerdings das Geheimnis, wo genau sein Schatz versteckt liegt. Auf jeden Fall soll dies auf Borkum sein. Genauer gesagt, in den Woldedünen. Nur gefunden hat ihn bis dato niemand.

◉ Zweiradladen Borkum, Kaapstraße 1, 26757 Borkum, ◉ 04922-7353, www.borkum-zweirad.de

Radfahren

Rund 130 Kilometer Rad- und Wanderwege durchziehen die Insel. Aufgrund seiner überwiegend flachen Topografie und des in weiten Teilen der Insel nicht vorhandenen Autoverkehrs eignet sich Borkum auch für weniger geübte Radfahrer

Blick vom Neuen Leuchtturm Richtung der Seehundsbank.

und Kinder für Ausfahrten auf zwei Rädern. (◉ siehe auch Kapitel „Inseltour auf Schusters Rappen oder zwei Rädern" ab Seite XX)

Reiten

Geführte Strandritte, Ponyführen aber auch Reitunterricht für Anfänger und Fortgeschrittene bietet der Reitstall Borkum an.

◉ Reitstall Borkum, Goedeke-Michel-Straße 11, 26757 Borkum, ◉ 04922-910144, www.reitstall-borkum.de

Rundflüge

Rundflüge über Borkum und die Nachbarinseln sowie nach Helgoland bietet die Flugschule Borkum an.

◉ Flugschule Borkum, ◉ 04922-3838, www.flugschule-borkum.de

Stadtrundgänge

Die wohl kurzweiligste Art, Borkum und seine Geschichte kennen zu lernen, ist im Schlepptau eines echten Originals: „Bucki" Begemann – nur echt mit weißer Mütze -führt mehrmals wöchentlich durch Borkum. Gespickt ist die Tour mit Fakten, vor allem mit zahlreichen Anekdoten und Geschichten aus der Vergangenheit Borkums.

◉ „Bucki" Begemann, ◉ 0171-684975

Sauna

Unter dem Dach des Gezeitenlandes findet sich eine Panoramasauna, die herrliche Blicke auf die Nordsee freigibt. Hier werden auch Massagen, entspannende Bäder und Wellnessanwendungen angeboten.

◉ Gezeitenland, Goethestraße 27, 26757 Borkum, ◉ 04922-9333650, www.gezeitenland.de.

Strandsauna

Saunieren und dabei auf das kühle Nass der Brandung schauen - möglich macht dies die einzigartige Borkumer Strandsauna. Am weitläufigen FKK-Strand gelegen, bietet sich vom Saunaraum durch zwei Bullaugen ein herrlicher Ausblick auf Sand und Meer. Genug geschwitzt? Dann ab zum Bad in die frische Nordsee. Geöffnet ist die Strandsauna von April bis Oktober täglich von 10 bis 17 Uhr, mittwochs, freitags und samstags bis 20 Uhr.

◉ 04922-1729, www.strandsauna-borkum.de.

Strandsegeln

Strandsegeln ist auf Borkum nur während der Vor- und Nachsaison gestattet.

Tennis

Die ganzjährig geöffnete Tennis-Insel mit ihren vier Aschen- und zwei Hallenplätzen steht jedermann offen. Auch Schläger können hier gegen ein Entgelt ausgeliehen werden. Während der Saison können Trainingsstunden unter Leitung eines lizenzierten Trainers (◉ 0170-4410469) gebucht werden.

◉ Tennis-Insel, Bismarckstraße 31, 26757 Borkum, ◉ 04922-933600, www.gezeitenland.de.

Wandern

Rund 130 Kilometer Rad- und Wanderwege durchziehen die Insel. Um dem Unbill des Wetters zu trotzen, stehen über die Insel verteilt insgesamt fünf Schutzhütten im Bereich Waterdelle, am Seedeich und in den Woldedünen zur Verfügung. Bei Wanderungen Richtung Hooge Hörn sollte zur eigenen Sicherheit unbedingt der Gezeitenkalender beachtet werden. Dieser in der Tourist-Information erhältlich.

Zu den ausgeschilderten Wanderwegen gehört der 24 Kilometer lange Strandweg. Dieser führt vom Süddeckwerk nahe dem Südbad am Nordstrand entlang bis zum Hooge Hörn.

Etwa ein Drittel kürzer ist der 16 Kilometer lange Dünenweg vom Großen Kaap vorbei am Naturschutzgebiet Waterdelle, dem Jägerheim und Hinterwall, sowie weiter über das Ostland, die Sternklippendünen und die Olde Manns Oldedünen zum Nordstrand.

Wattwanderungen

Das Betreten des UNESCO Weltnaturerbes Wattenmeer ist nur in Begleitung von staatlich geprüften Wattführern erlaubt. Mehrmals wöchentlich besteht die Möglichkeit, an geführten Wanderungen durch den Nationalpark Wattenmeer teilzunehmen und dabei viel Wissenswertes über diesen ungewöhnlichen Lebensraum zu erfahren. Anbieter der Touren sind u.a.:

◉ Borkumer Kleinbahn, ◉ 04922-30913, www.borkumer-kleinbahn.de

◉ Albertus Akkermann, ◉ 04922-2428

◉ Berend Baalmann, ◉ 04922-697, www.watthanse.de

◉ Peter de Buhr, ◉ 04922-932493, www.peter-de-buhr.de

◉ Nils Nörtemann, ◉ 0151-58826636

Windsurfing

Der nahezu ständig gehende Wind auf Borkum und die von der Seehundbank geschützte Bucht am Nordstrand lassen Borkum zum idealen Revier für Windsurfen aller Könnerstufen werden. Auch zum Kiten und Segeln sowie für Touren mit dem Beachbuggy über den Strand sind die Bedingungen ideal. Windsurfing Borkum bietet von April bis Oktober entsprechende Schnupperkurse an. Das Equipment kann vor Ort ausgeliehen werden.

◉ Windsurfing Borkum, Am Nordstrand, 26757 Borkum, ◉ 04922-2299, www.windsurfing-borkum.de.

Auf der Insel gibt es viel zu erfahren: Ob bei einer geführten Wattwanderung oder im Oldi-Bus.

LER BK 37H

Inseltour auf Schusters Rappen oder auf zwei Rädern

Wer ein Gefühl für die Insel entwickeln möchte, dem sei die folgende, etwa 18 Kilometer lange Tour rund um Borkum empfohlen. Die hier gewählte Route ist sowohl für Wanderer als auch für Radfahrer geeignet:

Startpunkt ist am Georg-Schütte-Platz am Bahnhof im Ortszentrum. An der ersten Möglichkeit geht es links ab in die Strandstraße und direkt auf den Neuen Leuchtturm zu. Es geht zwischen einer roten Backbord- und grünen Steuerbordboje hindurch links um den Leuchtturm

Per Rad lässt sich die Insel am Besten erkunden.

Endlose Strände und herrliche Dünenlandschaften laden zum Wandern ein.

herum. Nachdem links die Arche erscheint, eine kirchliche Einrichtung, gilt es vor dem Haus Rote Erde links abzubiegen. Dies ist wieder die Strandstraße. Nachdem die Jann-Berghaus-Straße gekreuzt wurde, geht es rechts ab auf den kombinierten Fuß- und Radweg an der Strandpromenade. Am Ende der Häuserreihe, wo links das Strandhotel Hohenzollern liegt, geht es weiter geradeaus auf dem kombinierten Rad- und Fußgängerweg fort durch die Norddünen. Hier liegen rechter Hand auch öffentliche Toiletten. Linke Hand kommt wenig später ein grün-weißer Pfeiler mit Tafeln, die an die Geschichte von Borkum erinnern, in den Blick. Hier gibt es auch einen Stein, auf dem die Entfernungen zu anderen Orten auf der Welt angezeigt sind. Ein betonierter Weg führt weiter durch die Dünen hindurch. Links bieten sich immer wieder herrliche Blicke auf das Meer und die Dünenlandschaft. Der Untergrund wechselt mehrfach - von betoniert zu asphaltiert, zu gepflastert, bis hin zu Holzbohlen.

Wenn rechte Hand das Café Seeblick erscheint, gilt es, rechts auf den geschotterten Weg abzubiegen.

Der Weg ist der Strandjer's Pad. Wenn die Ausläufer der Stadt zu sehen sind, geht es links ab. Hier ist es auch Richtung Waterdelle ausgeschildert. Der Weg ist nun wieder gepflastert und führt zwischen den Dünen entlang - immer wieder kleine Hügel hinauf und hinunter. Da es zwischen den Dünen auch meistens etwas windgeschützter ist, kann es einem schnell etwas wärmer werden.

An der Kreuzung, wo rechts eine Schutzhütte steht, gilt es, den Weg geradeaus fortzusetzen. Schließlich trifft der Weg auf eine Straße, die Ostfriesenstraße. Diese wird überquert und es geht geradeaus weiter auf dem Weg, der ausgeschildert ist mit „Zwischenzone". Die Zwischenzone ist Teil des Nationalparks Niedersächsisches Wattenmeer.

Am nächsten T-Stück dann links abbiegen. Der Weg führt nun am Flughafen vorbei. Rechter Hand liegen das Terminalgebäude und das Rollfeld. Wenn sich die Piste gabelt, muss der linke der beiden Wege genommen. Direkt linkte Hand liegen das Dünenhotel und das Restaurant „Düne 2". Nun geht es wieder über eine geschotterte Piste. Der Weg heißt Under de Hinterwall.

Wenn links ein Weg abzweigt und direkt auf die Ostfriesenstraße führt, kann hier zu einem kleinen Abstecher zum FKK-Strand und zur Strandsauna abgebogen werden. Dazu gilt es die Straße zu überqueren und dem Weg auf der gegenüberliegenden Seite für rund 600 Meter geradeaus zu folgen. Zur Strandsauna geht es dann nach etwa 400 Metern links ab.

Etwa einen Kilometer nach dem Flughafen geht der Weg wieder in eine gepflasterte Strecke über. Der Weg über durch die Dünen ist der Oostlandje Pad. Wenn dieser auf eine Straße trifft, die wie der Landstrich Ostland heißt, liegt direkt gegenüber die Gasstätte Bauernstube. Die Straße gabelt sich und es geht weiter geradeaus Richtung Restaurant und Café Ostland. Der Weg führt in einem kleinen Rechtsbogen auf eine Schranke zu. Dort geht es auf dem danebenliegenden Weg weiter geradeaus. Der Weg ist der Grebhahn's Pad. Dieser führt durch das Naturschutzgebiet Ostland und geht in den Oldmanns Olde Pad über.

Weiter geht es am Rande der Zwischenzone 2 vorbei. Dabei wird linke Hand ein alter Bunker passiert. An der nächsten Gabelung geht es

Naturschauspiel am Nordstrand.

H.M. 12
Braun 21
H. Jüchter
8
18
1
HEYEN

rechts ab in den Grote Seejdyk. Von hier sind es 4,7 Kilometer bis zur Reedestraße, der Verbindungsstraße zwischen dem Hafen und dem Zentrum von Borkum.

Man kann nun den Weg entweder oben auf dem Deich fortsetzen oder etwas windgeschützter unterhalb des Deiches. Rechter Hand liegen das Naturschutzgebiet Tüskendör und der Tüskendör-See. Der Grote Seedyk endet schließlich an einem kleinen Gatter. Weiter geht es durch den kleinen Weg daneben und dann rechts ab über die asphaltierte Route. Nun wird die Straße, dies ist der Reededamm, überquert. Hier gilt es dann links auf den Fuß- und Radweg abzubiegen Richtung Hafen. Unmittelbar vor der Flutschutzmauer geht es rechts ab über die beschrankten Schienen Richtung Südstrand. Das ist an der Bushaltestelle Neuer Deich. Die Bushaltestelle befindet sich praktisch genau gegenüber der Stelle, wo der Grote Seedyk endet.

Auf einem gepflasterten Weg, der wieder ein kombinierter Fuß- und Radweg ist, geht es durch die berühmten Woldedünen, wo Seeräuber Klaus Störtebeker seine Schätze vergraben haben soll, Richtung Südstrand. Man fährt weiter geradeaus auf dem gepflasterten Weg. Wenn der Weg sich gabelt, muss man rechts fahren und an der nächsten Möglichkeit dann sofort wieder links abbiegen. Der Weg ist der Anton-Scharphuis-Weg, der sich durch das Naturschutzgebiet Greune Stee zieht. Wenn dieser auf eine T-Kreuzung trifft, geht es rechts ab - hier lohnt auch ein kurzer, 150 Meter langer Abstecher nach links zum Südstrand.

An der nun folgenden T-Kreuzung muss man sich links halten. Die Straße ist der Greune-Stee-Weg. Dann geht es an der nächsten T-Kreuzung, wenn im Blickfeld ein paar Radar-Masten erschienen, geht es rechts ab in die Randzelstraße. Hier besteht links abermals die Möglichkeit, zum Südstrand abzubiegen, der in knapp 250 Metern von hier erreicht ist.

An der ersten Möglichkeit geht es dann links in die Emsstraße und an der nächsten T-Kreuzung vor dem Friedhof rechts ab in die Süderstraße. Die Süderstraße führt schließlich über die Bahngleise hinüber. Wenn diese überquert sind, geht es abermals links ab. Parallel zur Inselbahnlinie führt die Route nun entlang der Deichstraße zurück zum Ortszentrum von Borkum.

Kinder begeistern sich fürs Buddeln am Strand wie für die Babyrobbe im Dykhus.

Vorbei an einem großen Parkplatz geht es über die Straße Am Langen Wasser. Dann beschreibt die Straße eine Rechtskurve und geht in den Georg-Schütte-Platz über, wo die Rundtour wieder endet.

Mit Kindern unterwegs

Neben den üblichen Strandaktivitäten gibt es auf Borkum auch eine Reihe speziell auf Kinder zugeschnittene Angebote (◉ siehe auch Kapitel „Freizeitangebote" ab siehe Seite 41).

Ponyreiten

Das Cafe-Restaurant Bauernstuben im Ostland hält nicht nur Lamas, Ziegen, Schwein und Esel vor, sondern bietet auch geführte Ponyausritte für Kinder an.

◉ Cafe-Restaurant Bauernstuben, Ostland 3, 26757 Borkum, ◉ 04922-3504, www.hauptsachen.de

Spielinsel

Eine Alternative, um die Kinder bei Laune zu halten und adäquat zu beschäftigen, ist nicht nur bei „schiet Wetter" die Spielinsel, wo zahlreiche Spiele und Spielgeräte zur Verfügung stehen, die gegen Vorlage der Kurkarte kostenfrei genutzt werden können. Zudem wird von April bis September eine entgeltfreie Betreuung für Kinder angeboten, deren Eltern Kuranwendungen wahrnehmen. Ergänzt wird das Programm in der Ferienzeit durch zahlreiche Kreativangebote wie das Basteln von Muschel- oder Perlenketten, die in der Regel kostenpflichtig sind.

◉ Spielinsel, Westerstraße 35, 26757 Borkum, ◉ 04922-933294.

Spielplätze

Im Stadtgebiet von Borkum gibt es öffentliche und frei zugängliche Kinderspielplätze an der Deichstraße, der Mormelanderstraße und der Wilhelm-Feldhoff-Straße.

Trampolinspringen

Sowohl am Nord- als auch am Südstrand befinden sich kostenpflichtige Trampolinanlagen, bei denen die Sprungdauer zeitlich begrenzt und gebührenabhängig ist.

Tipp: Als kostenfreie Alternative bietet sich ein Besuch des Upholm-Hofs an, auf dessen angrenzendem Spielplatz ein riesiges Sprungkissen kostenfrei und ohne zeitliche Begrenzung zur Verfügung steht.

◉ Upholm-Hof, Upholmstraße 45, 26757 Borkum, ◉ 04922-4176, www.upholm-hof.de.

Das Trampolin am Upholm Hof verleiht Flügel, so scheint es.

Essen & Trinken

Zahlreiche Gaststätten und Restaurants auf Borkum laden zu einer kleinen lukullischen Entdeckungsreise ein. Nahezu alles ist im Angebot: von der klassischen Pommes über Schnitzelvarianten bis zur Haute Cuisine. Für jeden Geschmack und auch für jeden Geldbeutel findet sich auf der Nordseeinsel das Richtige – von gutbürgerlich bis exotisch, von typisch deutschen bis hin zu Köstlichkeiten aus aller Herren Länder.

Für den großen oder kleinen Hunger kommen insbesondere fang- aus schmackhaft mutet auch das ostfriesische Deichlamm an, das in vielen Inselrestaurants auf der Speisekarte steht.

Ein Muss für Inselbesucher ist daneben die eine oder andere Tasse schwarzer Friesentee mit Kluntjes und Sahne sowie der obligatorische Milchreis mit Zimt und Zucker oder die beliebte Dicke Milch mit Schwarzbrot, Zimt und Zucker.

Zu den besonderen Gaumenfreuden zählt fraglos das, was als kleine orangefarbene Beere in den Dünen der Insel heranreift: Der Sanddorn.

Eine Tasse Tee hilft, den Lärm der Zeit zu vergessen, heisst es oft auf Borkum.

hergestellt. Zudem verfeinert der Sanddorn Torten, Suppen und eine Vielzahl anderer Speisen wie Pfannkuchen, Milchreis, Quarkspeisen oder Eis.

Eine Borkumer Spezialität sind auch die Waweltjes, runde flache Waffeln, die vornehmlich zu Neujahr und nach der Geburt eines Kindes gebacken und verzehrt werden.

172 Stufen bis zur Tasse Tee – Teezeremonie auf dem Leuchtturm

Vor das Vergnügen haben die Götter bekanntlich den Schweiß gestellt. Und der fließt hier gerne mal reichlich. Oft begleitet von einem lautstarken Röcheln und dem Japsen nach Luft. Denn es geht steil nach oben. Immer rechtsrum. 172 Stufen gilt es zu meistern – mal breit, mal schmal. Einige sind eng und steil, einige hoch, andere könnten eher Teil einer Hühnerleiter sein. Entsprechend amüsant fällt die Begrüßung in der obersten Etage des 45 Meter hohen Alten Leuchtturms, des Wahrzeichens der Nordseeinsel Borkum, aus: „Moin! Brauchen Sie ein Sauerstoffzelt oder reicht ein Tässchen Tee?", unkt Karl-Heinz Eberhard, der für fast jeden Besucher der bevorstehenden Teezeremonie im ältesten Gebäude der Ostfriesischen Inseln einen kessen Spruch auf den Lippen hat.

„Entschuldigung, bin ich hier richtig?", fragt eine ältere Dame leicht keuchend. „Zur Wattwanderung sind Sie hier verkehrt", kontert Eberhard. Der gebürtige Düsseldorfer zeichnet sich seit Jahr und Tag für die Durchführung der Teezeremonie verantwortlich. Vor mehr als vier Jahrzehnten kam der Rheinländer als Marinesoldat auf die Insel. Das war am 1. Oktober 1970. „Seitdem lebe ich auf diesem herrlichen Sandhaufen“, verrät Eberhard, der bereits am ersten Abend seines Inselaufenthalts seine heutige Frau kennen und lieben lernte. Mittlerweile ist er längst auf Borkum heimisch und gehört fast schon zum Inventar des Alten Leuchtturms, dessen älteste Teile aus dem Jahre 1576 datieren. Seit 2002 ist der fröhliche Wahl-Borkumer mit dem leichten Bauchansatz im Ruhestand. Seither zelebriert er als Mitglied im Heimatverein Borkum einmal wöchentlich mit den Inselgästen die Teezeremonie.

„Wenn Sie stolz darauf sind, es heute bis hier oben geschafft zu haben. Ich bin schon 3.500 Mal hier hoch gelaufen“, lässt Eberhard die gut zwei Dutzend Gäste wissen, um gleich mit rheinländischem Frohsinn ein bisschen Landeskunde für Anfänger zu betreiben: „Auf Borkum sagt man nur einmal Moin. Wer zweimal Moin sagt, ist ein Schnacker.“

Von Hektik ist auf dem „Olden Baas“, wie die Borkumer ihren Alten Turm liebevoll nennen, nichts zu spüren. Im Radio redet sich ein Nachrichtensprecher gerade den Mund fusselig, ob der nicht enden wollenden Staumeldungen. Die drei Tische in dem kleinen Turmzimmer 40 Meter hoch über Borkum sind eingedeckt mit kleinen Teetassen und Untertassen. Auch Sahne und Kandis stehen bereit, ebenso wie eine Schüssel mit Keksen. In Miniatur Leuchttürmen flackern Teelichter gemütlich vor sich hin, während der Wind lautstark um die Turmspitze braust. An der Decke hängt ein altes, zur Lampe umfunktioniertes Steuerrad eines Schiffes. Das Wasser blubbert in zwei blitzblank polierten Kesseln vor sich hin. Der aufsteigende Dampf vernebelt den Blick aus der kleinen Kochecke ein wenig.

Glücklicherweise müsse er das Wasser nicht hoch schleppen, gibt Karl-Heinz Eberhard zu verstehen. Mit 3,4 Bar übernimmt eine lange Leitung den Job für ihn. Dafür sprudelt aus ihm sogleich alles Wissenswerte über Ostfriesen-Tee und dessen Zubereitung heraus: Der Ostfriese trinke zwölf Mal so viel Tee wie der Rest der Bundesbürger. Grundbestandteil des schwarzen Ostfriesen-Tees sei immer zu 80 Prozent Assam-Tee, der Rest seien andere Schwarzteesor-

Ein Stövchen gehört dazu - und dann gemütlich Tee trinken

ten, die je nach Hersteller variieren würden. Fünf Löffel des losen Tees gehörten in eine normale Kanne, so Eberhard weiter. Das eigentliche Geheimnis des echten Ostfriesen-Tees, wie er auf Borkum getrunken wird, liege aber im Wasser.

„Wir haben hier extrem weiches Wasser mit einem Härtegrad von gerade einmal 1,8", verweist Eberhard auf die Tatsache, dass Borkum über 40 Frischwasserbrunnen verfügt, die das kühle Nass aus bis 32 Metern Tiefe fördern. Ebenso wichtig wie das Wasser ist laut Eberhard auch das Porzellan. Der Teegenuss entfalte sich erst richtig in kleinen, dünnen Tassen. Große becherähnliche oder dickwandige Trinkgefäße sind daher bei den Insulanern völlig verpönt.

Für den perfekten Teegenuss gilt es zunächst einen Kluntje, also ein Stück Kandiszucker, in die Tasse zu legen. Dann wird langsam heißer Tee darauf gegossen. Was durch das Knacken des Zuckers auch ein akustisches Erlebnis ist. Die ohnehin kleine Tasse darf höchstens halb voll gemacht werden. Nun wird ein Schluck Sahne vorsichtig an den Rand gegossen. An der Oberschicht

Sehr aufschlußreich: Ein Blick vom alten Leuchtturm.

des Tees bilden sich sofort dicke Sahnewolken. Auf keinen Fall dürfe der Tee umgerührt werden, gibt der Experte aus der Altbier-Hauptstadt vom Rhein zu verstehen.

„Man trinkt vom Bitteren zum Süßen und hat dazwischen noch den sahnigen Geschmack", schwärmt der inzwischen passionierte Teetrinker Karl-Heinz Eberhard. Der auf dem Unterteller bereit liegende Löffel diene allein dazu, um die Kluntje in die Tasse zu legen, und um dem Gastgeber wortlos anzudeuten, dass man nun genug Tee getrunken habe. Dazu wird der Löffel einfach quer auf die Tasse gelegt oder in die Tasse gestellt. Ansonsten neige der Ostfriese dazu, immer wieder ungefragt nachzuschenken, warnt Eberhard.

Bevor die Teezeremonie mit der obligatorischen Besteigung der Dachterrasse des 436 Jahre alten Gemäuers und herrlichen Panoramablicken auf Borkum endet, zaubert Karl-Heinz Eberhard noch einen selbst gemachten Sanddornschnaps aus einer Ecke hervor. Behände gießt er die Inselspezialität in kleine Pinnchen ein. „Wenn Sie gleich auf dem Dach das Gefühl haben, der Turm schwanke, muss das nicht unbedingt am Wind liegen", unkt Eberhard und spendiert eine zweite Runde. Und während einige noch an einem weiteren Tee nippen, habe andere schon leicht einen im selbigen. Keine Frage, so schmeckt Ostfriesland.

◉ Alter Leuchtturm, Kirchstraße, 26757 Borkum, ◉ 04922-2535, www.heimatverein-borkum.de

Die Teezeremonie wird immer mittwochs um 14.30 Uhr angeboten. Eintrittskarten sind zum Preis von 5 Euro bei Spezialitäten Steemann, Franz-Habich-Straße 21, erhältlich. Termine für Gruppen nach Absprache unter ◉ 04922-1812 oder unter ◉ 04922-2855.

Kein Ostfriesenwitz: Die Bushaltestelle FKK.

Borkum entdecken

Um sich einen ersten Überblick über Borkum zu verschaffen, lohnt der Aufstieg sowohl auf den Alten Leuchtturm als auch auf den Neuen Leuchtturm. Der Gang durch das ehemalige Fischerdorf mit seinen verwinkelten Gassen und verschachtelten Häuserzeilen wird unweigerlich zu einem kleinen Ostfriesisch-Kurs für Anfänger. Überall und zu jeder Tageszeit erklingt ein freundliches „Moin“ als Gruß. Und schnell weiß ein jeder, dass hier das stille Örtchen „Hüsche“ genannt wird und es separate Bereiche für „Froulü“ und „Mannlü“ gibt, um dem Ruf der Natur zu folgen. Stumme Zeugen der großen Zeit des Badetourismus sind neben der modernisierten Wandelhalle auch einige gute erhaltene Häuser entlang der Jann-Berghaus-Straße zwischen der Viktoria- und der Gorch-Fock-Straße.

Von der Aussichtsdüne Steeren-Klipp unweit des Hoge Hörn, der Ostspitze der Insel, bietet sich ein prächtiger Panoramablick auf Borkums Natur und bei klarer Sicht sogar zu den Nachbarinseln Memmert, Juist, Lütje Hörn und Norderney.

Der alte Leuchtturm.

Alter Leuchtturm

Als das älteste Bauwerk der Insel wurde der Alte Leuchtturm als Teil einer Kirche im Jahre 1576 errichtet. Wobei der Turm ohne jeden Zement gebaut wurde. Stattdessen verwendeten die Bauherren gemahlenen Muschelkalk zur Befestigung der Backsteine. Der 45 Meter hohe, rechteckige Turm diente anfangs nur als Tagesmarke. 1817 wurde die Kirchturmspitze entfernt und das Gemäuer zum Leuchtturm umfunktioniert. Der „Alte Leuchtturm“ eine Leuchtquelle, die mit Hilfe von Parabolspiegeln und 27 Öllampen betrieben wurde.

1879 brannten dann weite Teile des Alten Leuchtturms aus. Der Turm wurde stabilisiert, die angrenzende Kirche wurde aufgegeben und 1902 abgerissen. Erst 1911 kam die vierte Etage darauf. Während der Weltkriege diente der Turm der Armee zu Beobachtungszwecken. Von 1948 bis 1981 war es ein „Soda-Turm“ – soll heißen, er stand einfach nur so da, ehe er 1982 in den Besitz des Heimatvereins gelangte und aufwendig restauriert wurde.

Immer mittwochs um 14.30 Uhr bietet der Heimatverein im Turmzimmer eine ostfriesische Teezeremonie an (◉ siehe Seite 63).

BORKUM

Eintrittskarten sind zum Preis von 5 Euro bei Spezialitäten Steemann, Franz-Habich-Straße 21, erhältlich. Termine für Gruppen nach Absprache unter 04922-1812 oder unter 04922-2855.

An jedem ersten Freitag im Monat finden im Turmzimmer in 40 Metern Höhe Ambientehochzeiten statt. Dort oben sagt man, so die Insulaner, ganz anders „ja" – kein Wunder nach 172 Stufen.

Alter Leuchtturm, Kirchstraße, 26757 Borkum, 04922-2535, www.heimatverein-borkum.de

Standesamt der Stadt Borkum, Neue Straße 1, 26757 Borkum, Telefon 04922-303222, steffanie.drost@borkum.de.

Emmich-Denkmal

Seit 1917 befindet sich im Inselinnern das Emmich-Denkmal in Gedenken an General Otto von Emmich (1848-1915). Unter seiner Führung hatten die deutschen Truppen zu Beginn des Ersten Weltkrieges am 1. August 1914 die Maasfestung im belgischen Lüttich eingenommen. Da seine Ersatzbatterie in jenen Tagen auf Borkum stationiert war, errichtete man dem vermeintlichen Kriegshelden ein Denkmal in den Dünen.

Blick über das Deck des Feuerschiffes.

Feuerschiff „Borkumriff"

Bereits seit dem Jahre 1875 kamen zur Sicherung des Seeweges Feuerschiffe an der Sandbank Borkum Riff zum Einsatz. Da die Sandbank wanderte, schied die Errichtung eines festen Leuchtturms aus. Im Laufe der Jahrzehnte lagen daher vier verschiedene Feuerschiffe als schwimmende Leuchttürme ganzjährig am Borkum Riff vor Anker. Deren Letztes wurde 1959 in den Dienst gestellt und ist – obwohl seit fast zweieinhalb Jahrzehnten außer Dienst – noch immer das modernste Feuerschiff in Deutschland.

Gut drei Jahrzehnte trotzte das bemannte Feuerschiff Borkumriff Wind und Wellen und sorgte als bemannter Leuchtturm dafür, dass die Schiffe sicher um das lange als Schiffsfriedhof verrufene Riff vor Borkum herumsteuerten. Am 15. Juli 1988 wurde die Borkumriff als letztes deutsches Feuerschiff außer Dienst gestellt, um weniger Monate später dauerhaft im Borkumer Schutzhafen vor Anker zu gehen. Seit 1989 dient das vom Förderverein Borkumriff gepflegte Schiff als Museum, technisches Kulturdenkmal und Informationszentrum für den Nationalpark Niedersächsisches Wattenmeer und kann jährlich mehr als 15.000 Besucher an Bord begrüßen.

In den früheren Werkräumen des 54 Meter langen Schiffs, das noch heute voll seetüchtig ist, wird die biologische Vielfalt Borkums mit all ihren Besonderheiten dargestellt. Dabei wird ein Blick auf die unterschiedlichen Lebensräume der Insel vom Strand über die Düne und das Grünland bis hin zu den Salzwiesen und dem Watt geworfen. Zu bestaunen sind hier unter anderem zahlreiche Präparate wie die eines Seehundes, eines Rotschenkels, eines Kormorans und einer Eiderente.

Nicht nur, wer in die Technik und Ausstattung der Borkumriff verliebt ist, sondern auch Heiratswillige können sich in der Offiziersmesse des ehemaligen Feuerschiffs seit 2011 das Jawort geben. Hat das Schiff, das erfolgreich allen Stürmen trotzte, doch irgendwie auch Symbolcharakter für eine Ehe. Und mit dem Obolus für die Ambientetrauung tut das künftige Paar auch noch etwas Gutes. Denn die Erlöse aus den Trauungen fließen in den Unterhalt des Schiffes.

◉ Feuerschiff Borkumriff, Am Neuen Hafen, 26757 Borkum, ◉ 04922-2030, www.feuerschiff-borkum.de

Franzosenschanze

Unter Kaiser Napoleon wurde in den Jahren 1809 und 1810 das militärische Schanzwerk als Teil der sogenannten Kontinentalsperre am Ostrand des heutigen Ortszentrums errichtet. Die noch immer in weiten Teilen gut erhaltene Anlage befindet sich im Privatbesitz und ist daher für die Öffentlichkeit nicht zugänglich.

Großer Kaap

Der Große Kaap ist wie sein Pendant, der Kleine Kaap, ein steinernes Peilzeichen inmitten der Dünen aus dem Jahre 1872. Dieses diente in längst vergangenen Zeiten zur Orientierung der Seefahrer. Um Borkum sicher erreichen zu können, wurden 1628 auf dem Westland und 1794 auf dem Ostland erstmals zwei dieser Kaaps oder – wie sie auch genannt werden – Baken errichtet. Der aus roten Klinkern hochgezogene Große Kaap streckt sich 23 Meter in den Himmel. ◉ siehe auch „Kleiner Kaap".

Heimatmuseum Dykhus

Auf einer Warft am Fuße des ersten Deiches, der nachweislich auf Borkum errichtet wurde, erhebt sich mit dem Dykhus das zweitäl-

teste Haus der Insel. Seit 1958 beheimatet dieses das vom überaus rührigen Heimatverein Borkum betriebene Heimatmuseum. Mehr als 300 Jahre Inselgeschichte werden hier mit Hilfe der liebevoll zusammengetragenen Sammlung anschaulich aufbereitet. Prunkstück des kleinen, aber feinen Museums ist das 15 Meter lange Skelett eines 35 Tonnen schweren Pottwals. Zu den markantesten Blickfängen des Museums zählt daneben das alte Rettungsboot „Otto Hass", dessen Einsatz manch Insulaner sein Leben zu verdanken hat.

Zu sehen sind darüber hinaus wertvolle Silbermünzen aus dem 16. Jahrhundert und vieles, was mit der Seefahrt und der maritimen Vergangenheit Borkums zu tun hat. Auch auf eher düstere Kapitel der Inselgeschichte wie die Plünderung gestrandeter Schiffe wird ein Blick geworfen.

Während die Hermann-Akkermann-Halle der Seenotrettung gewidmet ist, können in der Köken (Küche) und in der Vörkamer (Wohnzimmer) wertvolles Porzellan, typisch ostfriesische Fliesen aus dem 17. und 18. Jahrhundert sowie Möbel und Einrichtungsgegenstände in Augenschein genommen werden.

Das Walfängerzimmer gewährt einen Einblick in das harte und ebenso entbehrungsreiche wie gefährliche Leben der Walfänger. Neben alten Stichen sind hier Harpunen, Lanzen und Flensmesser ausgestellt. Zu den amüsanten kleinen Dingen, die sich am Rande erfahren lassen, gehört beispielsweise, dass im 18. Jahrhundert das Gros der jungen Borkumer im Dezember oder Januar das Licht der Welt erblickte. Ein Phänomen, das damit zusammenhängt, dass die Walfänger sich vor ihrem Aufbruch ins Nordmeer nicht nur mit einem Küsschen für die nächsten Monate von ihren Frauen verabschiedeten.

In der naturkundlichen Abteilung des Museums sind Seeadler und andere ausgestopfte Tier- und Vogelarten zu sehen. Darunter auch zahlreiche Vögel, die eigentlich auf Borkum nicht heimisch sind, aber durch Sturm und Unwetter hierher verschlagen worden sind. Hier ist auch zu erfahren, dass die Insulaner in längst vergangenen Tagen gerne mal Möwe- oder Kiebitz-Eier gegessen haben. Natürlich – wie heute glaubhaft versichert wird – ohne deren Bestand dadurch zu gefährden. Zu sehen ist daneben ein kurioser Mix von Fliegenden Fischen über Seeskorpione bis hin zum Haifischgebiss und zu Plattwürmern.

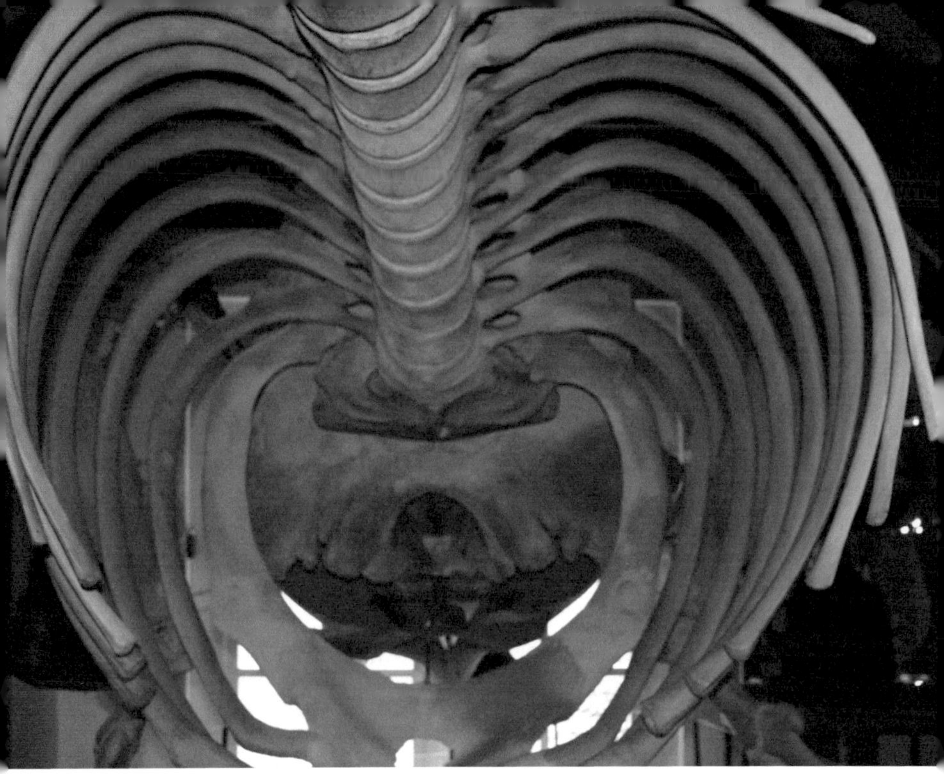

Das Walskelett im Dykhus Museum.

Eher zum Schmunzeln mutet die Tatsache an, dass auf Borkum einst eigens für eine Treibjagd drei Wildschweine ausgesetzt wurden, da diese auf der Insel nicht heimisch sind. Doch der Schuss ging irgendwie nach hinten los. Nur ein Borstenvieh konnte von den Weidmännern – wie geplant – mit dem Gewehr erlegt werden. Die anderen beiden entkamen und ertranken.

Eine gewisse Faszination übt auch eine Sandsammlung mit Proben aus allen Teilen der Welt aus. Besonders interessant ist dabei der Vergleich mit dem Borkumer Sand, der gemäß Urkunde eine durchschnittliche Korngröße von 0,206 Millimetern besitzt.

◉ Heimatmuseum Dykhus, Roelof-Gerritz-Meyer-Pfad (Eingang Upholmstraße), 26757 Borkum, ◉ 04922-4860, www.heimatverein-borkum.de

Kleiner Kaap

Der Kleine Kaap ist wie der Große Kaap ein historisches Peilzeichen. Er misst 11,7 Meter in der Höhe. ◉ siehe auch „Großer Kaap“.

Kleiner Leuchtturm

Am Südstrand erhebt sich der in Rot und Weiß gehaltene Kleine

Leuchtturm, der – auch um ihn vom Neuen und Alten Leuchtturm zu unterscheiden – im Volksmund nur „elektrischer Leuchtturm" genannt wird. Dieser ist zugleich der westlichste Leuchtturm in Deutschland. Errichtet wurde er in den Jahren 1888 und 1889 als Leitfeuer für die Westerems. Der Lichtkegel des 27 Meter hohen und 2003 außer Betrieb genommenen Leuchtturms war 25 Kilometer weit zu sehen.

Kulturinsel

Dreh- und Angelpunkt des Kulturlebens auf Borkum ist die Kulturinsel, die auf mannigfaltige Art und Weise ihrem Namen gerecht wird. Der Veranstaltungsreigen erstreckt sich hier von Vorträgen über Konzerte und Theateraufführungen bis hin zu Familienfesten und ausgelassenen Partys. Auch für thematische Ausstellungen öffnet die Kulturinsel ihre Pforten.

Einer der Höhepunkte im Jahresturnus ist seit gut einem Jahrzehnt die Aufführung des Borkum-Musicals Up de Walvis, das auf ureigene Art der Walfangtradition mit Tänzen, Shantys und ursprünglichem Liedgut ein bewegendes Bühnendenkmal setzt. Die Besonderheit der aufwendigen Produktion ist dabei die Tatsache, dass rund 50 Insulaner als Laienschauspieler in die verschiedenen Rollen schlüpfen. Die Trachtengruppe des Vereins Borkumer Jungens (www.trachtengruppe-borkum.de) hatte dieses Musical 2004 erstmals zur Aufführung gebracht. Seither begeistert die Geschichte. die auf die Legende eines gefürchteten Piraten zurück geht, der von den Borkumer Frauen mit Hilfe einer List in die Flucht geschlagen wird, immer wieder aufs Neue.

Überaus rührig gibt sich auch die Borkumer Niederdeutsche Bühne (www.borkumer-buehne.de). Während der Wintermonate studiert der mehr als 200 Mitglieder starke Verein, der sich dem Erhalt des „Börkumer-Platt" verschrieben hat, mit seiner Theatergruppe neue Stücke ein, die dann in der Kulturinsel zur Aufführung kommen. Unter dem Motto „Vörhang open, de BNB spöölt upp" werden dem Publikum ab Frühjahr jeden Jahres neue Komödien präsentiert.

◉ Kulturinsel, Goethestraße 25, 26757 Borkum, ◉ 04922-9330

Musikpavillon

Der kreisrunde Musikpavillon am Nordstrand gehört zu den markanten Blickfängen an der Strandpromenade und ist seit mehr als einem Jahrhundert Anlaufstelle

Nordstrand mit Musikpavillion.

vieler Musikfreunde. Denn während der Saison von Mai bis Oktober erklingen hier mehrmals tägliche kostenlose Kurkonzerte. Dabei spannt sich der musikalische Bogen von Klassik über Jazz und Blues bis hin zu Rock und Pop. In die Konzertreihe fließen jährlich allein rund 100.000 Euro aus der auf Borkum erhobenen Kurtaxe.

Errichtet wurde die kreisrunde Konzertbühne mit der markanten Kuppel im Jahre 1911. In den Cafés und Restaurants der gegenüber liegenden Wandelbahn drängen sich Familien mit Kindern ebenso wie Singles und Paare jeden Alters, um den musikalischen Darbietungen zu lauschen.

Tausende Zuhörer lassen sich jährlich von der besonderen Atmosphäre in ihren Bann ziehen und genießen zu den Klängen renommierter Ensembles aus dem In- und Ausland unvergessliche Stunden sowie Abende in romantischer Sonnenuntergangsstimmung direkt oberhalb des Strandes.

Während sich heute bei den Konzerten Menschen in legerer Badekleidung neben elegant gekleideten Gästen tummeln, gehörte es in längst vergangenen Zeiten zum guten Ton, gut gekleidet zu den Veranstaltungen zu erscheinen. Die Damen trugen Kleid und Hut, die Herren Jacket, Hemd und Krawatte. Derart gekleidete Besucher sind hier auch heute noch zu sehen, allerdings gibt es keinerlei Kleidervorschriften mehr.

Bis in die 1960er Jahre gab es sogar eine Art Kassenhäuschen, an dem die Inselgäste ihre Kurkarte vorzeigen mussten, um Zugang zum Promenadenabschnitt mit dem Musikpavillon zu erhalten. Heute ist der Bereich rund um die Uhr frei zugänglich.

Im Rahmen der Kurkonzerte finden übrigens auch regelmäßig Tanzveranstaltungen statt. An diesen Abenden wird nicht im Musikpavillon musiziert, sondern im gegenüber liegenden Leo's, wo dann bis spät in die Nacht das Tanzbein geschwungen werden kann.

◉ Das Programm der Kurkonzerte ist bei der Kurverwaltung und in der Touristen Information erhältlich. Telefonische Auskünfte dazu unter ◉ 04922-933140.

Neuer Leuchtturm

Der Neue Leuchtturm Borkum entstand im Jahre 1879 in der Rekordzeit von nur sechs Monaten nach dem Brand des alten Leuchtturms. Bis zur feierlichen Inbetriebnahme am 15. November 1879 erhielt das 60,3 Meter hohe Ziegelsteingemäuer eine drei Meter hohe Drehlinsenleuchte. Nach einer Umrüstung im Jahr 2004 besitzt der markante Leuchtturm heute sechs große Linsenfelder, die drei Strahlenpaare mit einer Lichtstärke von zwei Millionen Candela pro Strahl erzeugen. Die Nennreichweite beträgt 24,4 Seemeilen, was rund 40 Kilometern entspricht. Das Erstaunlichste dabei ist die Tatsache, dass das Leuchtfeuer lediglich mit einer 400 Watt starken Halogen-Metalldampflampe betrieben wird.
Für den Bau des runden Turms wurden nicht weniger als 1,526 Millionen Ziegelsteine verwendet. Bis zu seiner Spitze führen über eine enge Wendeltreppe genau 308 Stufen. Diese zu Erklimmen bringt viele ins Schwitzen. Belohnt werden die Besucher aber mit einem herrlichen Rundblick über die Insel.

Wer mag, kann die 308 Stufen des Leuchtturms auch etwas sportlicher angehen. Leichtathletin Sandra Budde von LG Lage-Detmold beispielsweise erstürmte die Spitze 2012 in genau 1,16 Minuten, während ihr Vereinskollege Fabian Langmann

Ein toller Ausflug: Per Pferdekutsche ins Ostland - und dort im Bauernhofcafé Kuchen speisen.

nur 57,9 Sekunden benötigte, um das Treppenhaus von unten nach oben zu durchqueren.

◉ Neuer Leuchtturm, Strandstraße, 26757 Borkum, ◉ 04922-7799

Nordseeaquarium

Die besten Tage hat das kleine, in die Jahre gekommene Nordseeaquarium fraglos hinter sich. In kleinen Aquarien, deren Scheiben vielfach stark verkratzt sind, präsentiert die Einrichtung täglich von 10 bis 12 Uhr sowie von 14 bis 17 Uhr die Unterwasserwelt der Nordsee. Zu sehen sind Fische wie der Katzenhai, der Knurrhahn, die Scholle, der Dorsch oder die Makrele und Schalentiere wie Krebse, Seeskorpione und Krabben, aber auch die verschiedenen Wasserpflanzen der Nordsee. Ein blauer Hummer zählt neben verschiedenen Haiarten zu den Attraktionen.

◉ Nordseeaquarium, Von-Freese-Straße 46, 26757 Borkum, ◉ 04922-1588.

Ostland

Zu den beliebtesten Ausflugszielen zählt das Ostland. Im reizvollen Hinterland der Insel gelegen, wurde

dieses Gebiet erstmals 1752 besiedelt und war damals eine noch von Borkum abgetrennte Insel. Erst ab 1860 begannen sich die beiden Inselteile durch Dünenbildung zusammenzuschließen. Mit seinen alten Bauernstuben bietet das Ostland heute die Möglichkeit, bei Kaffee und Kuchen die einzigartige Landschaft zu genießen und sich zu entspannen.

Roelof Gerritz Meyer Haus

Das einstige Wohnsitz des Kommandeurs Roelof Gerritz Meyer, der mit seiner Crew auf insgesamt 42 Nordmeerfahrten rund 270 Wale erlegte, weist eine Besonderheit auf: Das Eckgrundstück an der Wilhelm-Bakker-Straße 5 ist von einem Zaun aus Walkinnladen gesäumt. Das Relikt aus jenen Tagen, als Borkum noch ein Walfangzentrum war, diente nicht nur als eine Art Statussymbol, sondern hatte auch einen praktischen Nutzen. Denn mit den Knochen der Meeressäuger konnten die Vorgärten in längst vergangenen Tagen vor Sandverwehungen geschützt werden.

◉ Roelof Gerritz Meyer Haus, Wilhelm-Bakker-Straße 5, 26757 Borkum

Seehundsbank

Bei Ebbe kann die Borkumer Seehundsbank, auf der sich ganzjährig Seehunde und Kegelrobben tummeln, bequem über den Nordstrand zu Fuß erreicht werden. Bis auf circa 200 Meter dürfen sich Spaziergänger der Seehundsbank nähern. Das Betreten des Areals ist allerdings zum Schutz der Tiere strengstens untersagt. Wer einen Heuler am Strand entdeckt, der durch Sturm, Krankheit oder Störungen durch den Menschen von der Mutter getrennt wurde, sollte sich mit der Seehundstation Nationalpark Haus Norddeich unter der Rufnummer 04931-8919 oder der Borkumer Polizei unter der Rufnummer 04922-91860 in Verbindung setzen und die Fundstelle melden. Auf keinen Fall sollten die Jungtiere angefasst werden, da sie zum einen über ein scharfes Gebiss verfügen, zum anderen von ihrer Mutter nicht mehr angenommen werden könnte. Außerdem ist nicht jede kleine Robbe ein Heuler. Denn häufig warten die Jungen insbesondere bei Flut an der Wasserkante, während die Mutter auf Jagd geht. Das symptomatische Heulen ist kein Klagelaut, sondern dient zur Kontaktaufnahme mit der Mutter.

◉ www.seehundstation-norddeich.de

Alles über Fische der Nordsee lernt man im Aquarium (oben). Besuch der Seehundbank (unten).

Seenotsrettungskreuzer Alfried Krupp

Im Hafen von Borkum liegt der moderne Seenotrettungskreuzer Alfried Krupp der Deutschen Gesellschaft zur Rettung Schiffbrüchiger vor Anker. Mittlerweile seit 1988 ist das 27,5 Meter lange und 6,53 Meter breite Schiff zusammen mit seinem Beiboot, der Glückauf, auf der Nordseeinsel stationiert. Der mit drei Dieselmotoren angetriebene Seenotrettungskreuzer kommt mit Spitzengeschwindigkeiten von 23 Knoten (etwa 43 Stundenkilometer) bei Gefahren auf See, bei Krankentransporten oder Löscharbeiten zum Einsatz. Wobei die Alfried Krupp pro Minute bis zu 33.000 Liter Wasser über eine Distanz von bis zu 100 Meter werfen kann.

Wandelbahn

Die bereits 1875 eingeweihte Borkumer Strandpromenade ist nicht von ungefähr ein beliebter Treff für Jung und Alt, für Einheimische wie Touristen. Die Restaurants, Bars und Cafés in der Wandelhalle sind ebenso beliebte Anlaufpunkte wie die Geschäfte und Boutiquen an diesem Abschnitt oberhalb des Nordstrandes. Und im Musikpavillon erklingen während der Saison mehrmals täglich kostenlose Konzerte. Entlang der aufwendig renovierten Promenade lässt sich nicht nur ein herrlicher Blick auf Strand und Nordsee werfen, sondern im Abendlicht – vielleicht sogar mit einem Cocktail in der Hand – die untergehende Sonne genießen.

Für einen Millionenaufwand wurde bis zum Frühjahr 2013 die vier Kilometer lange Strandschutzmauer erneuert. Sie dient der Sicherung des Stadtzentrums und stabilisiert zusammen mit den See- und Unterwasserbuhnen den Westkopf der Insel. Zusätzlich wurden sogenannte Wellenumlenker eingebaut.

Walfängerfriedhof

Am Fuße des Alten Leuchtturms erinnern heute auf dem Walfängerfriedhof, der auch als „alter Inselfriedhof" bekannt ist, mit Totenköpfen verzierte Gräber an die Walfang-Vergangenheit der Insel. Allerdings sind die Grabsteine keine Originale. Diese befinden sich im nahe gelegenen Heimatmuseum, dem Dykhus (◉ siehe Seite XX).

◉ Walfängerfriedhof, Kirchstraße, 26757 Borkum,

Das Große Kaap.

Borkum von A-Z

Allgemeine Informationen

Tourist Information, Am Georg-Schütte-Platz 5, 26757 Borkum, ◉ 04922-9330, www.borkum.de.

Anreise

Von Emden und dem niederländischen Eemshaven verkehren die Schiffe der AG Ems mehrmals täglich mit Autofähren und Katamaranen nach Borkum und zurück. Fahrpreise und Abfahrtzeiten online unter www.ag-ems.de oder unter ◉ 01805-180182.

Alternativ bietet sich die Anreise per Flugzeug ab Emden an. Die Flugzeit beträgt 15 Minuten. Buchungen und weitere Informationen bei der Ostfriesischen-Flug-Dienst GmbH, Gorch-Fock-Straße 103, 26721 Emden, ◉ 04921-89920, www.fliegofd.de.

In den Sommermonaten bietet zudem Air Hamburg Flüge von Hamburg-Fuhlsbüttel und von Uetersen nach Borkum an. Weitere Informationen unter ◉ 040-70708890 oder online unter www.air-hamburg.de.

Wer mit dem eigenen Boot anreisen möchte, kann im 4.000 Quadratmeter großen Borkumer Yachthafen festmachen. Hier bietet sich Platz für bis zu 250 Boote. Anmeldungen und weitere Informationen beim Hafenmeister unter ◉ 04922-9234347.

Apotheken

Auf Borkum gibt es zwei Apotheken. Die Inselapotheke, Am Georg-Schütte-Platz, ist unter der Rufnummer 04922-3500 zu erreichen, die Nordseeapotheke, Neue Straße 2, unter ◉ 04922-818.

Babysitter

Für junge Eltern, die mal entspannt und ohne den eigenen Nachwuchs ausgehen möchten, gibt es einen Babysitter-Service. Dieser kann unter ◉ 04922-933294 gebucht werden.

Bahn

Die sieben Kilometer lange, zum Teil zweigleisige Inselbahnstrecke mit einer Spurweite von 900 Millimetern wurde 1888 fertig gestellt und verbindet den Ort mit dem Fähranleger. Neben dem Bahnhof im Ortskern gibt es noch die Haltepunkte Jakob-van-Dyken-Weg und Borkum-Reede. Die Kleinbahn ist heute die einzige noch betriebene zweigleisige Schmalspurbahn in Niedersachsen.

◉ Borkumer Kleinbahn, ◉ 04922-

3090, www.borkumer-kleinbahn.de

Banken

Neben der Oldenburgischen Landesbank, Am Georg-Schütte-Platz 4, und der Postbank, Strandstraße 5, unterhalten die Sparkasse (Am Georg-Schütte-Platz 11 und Deichstraße 71) sowie die Volksbank (Franz-Habich-Straße 11 und Deichstraße) je zwei Standorte auf Borkum.

Briefmarken

Im Sommer 2012 gab die Deutsche Post erstmals eine Sonderbriefmarke heraus, die ein Borkumer Motiv ziert: In der Leuchtturm-Briefmarkenserie erschien eine 45-Cent-Marke, die der zwischen 1887 und 1889 errichtete Elektrische Leuchtturm der Insel am Südstrand ziert. Die Briefmarke erfreut sich nicht nur bei Sammlern großer Beliebtheit, sondern ziert seither zahlreiche Grußkarten der Urlauber in ihre Heimat.

Busverkehr

Vom Busbahnhof verkehren mehrmals täglich Busse zum Hafen, FKK-Strand, Flugplatz und zum Ostland. Fahrpläne sind in der Tourist-Information (◉ 04922-9330, www.borkum.de) oder am Fahrkartenschalter der Borkumer Kleinbahn, (◉ 04922-3090, www.borkumer-kleinbahn.de) erhältlich.

Bücherei

Die Arche Bücherei in der Kulturinsel, Goethestraße 25, hält rund 5.000 Bücher für jedes Lesealter vor und ist montags von 16 bis 19 Uhr, mittwochs von 15 bis 19 Uhr sowie freitags von 15 bis 18 Uhr geöffnet. Ausleihzeit ist auf drei Wochen begrenzt, wobei eine Verlängerung möglich ist. Für Besucher ist zudem ein Internetplatz eingerichtet. Weitere Informationen unter ◉ 04922-1594 sowie unter Telefon 04922-4206.

Cafés (Auswahl)

Borkumer Teestübchen, Bahnhofspad 3, 26757 Borkum, ◉ 04922-990162. Neben ostfriesischen Teespezialitäten gibt es hier die wohl größten Windbeutel der Insel – noch dazu mit spektakulären Füllungen.

Café Sturmeck, Hindenburgstraße 144, 26757 Borkum, ◉ 04922-1222. Bekannt für die große Auswahl an selbstgemachten Kuchen und Torten.

Café Seeblick, Waterdelle, 26757 Borkum, ◉ 04922-3371. Selbstgebackene Kuchen inmitten der Dünen mit Blick auf den Strand.

Camping

Als kinderfreundlicher Campingplatz hält Insel-Camping Borkum einen Abenteuerspielplatz vor und bietet während der Saison eine spezielle Kinderanimation an. Zum Angebot gehören ferner ein Waschmaschinenraum, eine Sauna, ein Solarium, ein Fahrradverleih, Dusch- und Waschkabinen, ein Minimarkt und zahlreiche Sportmöglichkeiten vom Billard über Tischtennis bis hin zum Volleyball. Zudem können auch Wohnwagen gemietet werden.

◉ Insel-Camping Borkum, Hindenburgstraße 114, 26757 Borkum, ◉ 04922-1088, www.insel-camping-borkum.de

Ein weiterer, deutlich kleinerer und individuellerer Campingplatz mit gerade einmal drei Dutzend Stellplätzen befindet sich im Ostland, rund fünf Kilometer vom Ortszentrum inmitten einer Wiesenlandschaft. Moderne Waschräume werden hier vorgehalten.

◉ Camping Willem Aggen, Ostland, 26757 Borkum, ◉ 04922-2215

Einkaufen

Gut 100 Einzelhandelsgeschäfte zählt die Insel, mit der Bismarckstraße als Haupteinkaufs- und Flaniermeile. Aber auch am Georg-Schütte-Platz und in der Strand- sowie Wilhelm-Bakker-Straße finden sich eine Vielzahl an Geschäften. Der Bogen reicht von Bäckereien und Lebensmittelhändlern über Boutiquen und Spielwarengeschäften bis hin zu kleinen Kaufhäusern und Souvenirläden.

Die Preise des Einzelhandels liegen zum Teil deutlich über denen auf dem Festland, was auch dem Umstand geschuldet ist, dass alle Waren per Schiff nach Borkum transportiert werden müssen.

Geöffnet sind die Geschäfte auf Borkum in der Regel montags bis freitags von 9 bis 12.30 Uhr sowie von 15 bis 18 Uhr und samstags von 9 bis 12.30 Uhr. Während der Sommersaison haben viele Geschäfte nicht nur durchgehend, sondern auch sonntags geöffnet.

Beliebte Mitbringsel von der Insel sind vor allem die vielen Sanddorn-Produkte. Eine Besonderheit sind die individuell gestalteten Borkum-Ringe, die bei Uhren-Schmuck Kieviet (Franz-Habich-Straße 10, 26757 Borkum, ◉ 04922-4783) erhältlich sind. Eine schöne Erinnerung an den Inselaufenthalt bildet auch der Bildband „Borkum – Die schönsten Seiten" (ISBN: 978-3-95400-157-6) aus dem Sutton Verlag, der im Buchhandel erhältlich ist.

Fahrradverleih (Auswahl)

Auf Borkum gibt es gleich mehrere Fahrradstationen, an denen tage- und wochenweise Räder geliehen werden können. Dazu gehören unter anderem:

◉ Fahrradverleih Van Raden, Hindenburgstraße/Engelse Pad, 26757 Borkum, ◉ 04922-924040, www.fahrradverleih-vanraden.de

◉ Fahrradverleih Tente, Wilhelm-Bakker-Straße 9, 26757 Borkum, ◉ 04922-932757

◉ Zweiradladen Borkum, Kaapstraße 1, 26757 Borkum, ◉ 04922-7353, www.borkum-zweirad.de

Fähre

Die Abfahrtzeiten für die Rückfahrt auf dem Fährticket geben die Uhrzeit an, wann die Borkumer Kleinbahn am Bahnhof am Georg-Schütte-Platz losfährt und nicht die Zeit, wenn das Schiff tatsächlich ablegt. Das Schiffsticket gilt gleichzeitig als Fahrkarte für die Kleinbahn. Ein Extraticket muss also nicht erworben werden. Weitere Infos: ◉ „Anreise".

Feste und Veranstaltungen (Auswahl)

Großer Beliebtheit erfreuen sich die traditionellen Osterfeuer, die an

Fährt bis zur Fähre: Die Inselbahn.

der Reedestraße, der Julianenstraße und am Kaap entzündet werden. Und zwar am Abend des Karsamstag, der auf Borkum „Husenbusensaterdag" genannt wird. Zur Vorbereitung werden am Karfreitag, dem sogenannten „Stille Freidag", spezielle Gerüste aus Holz gefertigt, die in den Dünensand eingeschlemmt werden. In dem meterhohen Konstrukt wird dann das Brennmaterial gestapelt. Am Ostersamstag wird die Pyramide aus Holz und Gestrüpp dann noch mit einer Stoffpuppe gekrönt, die alljährlich in den Flammen des Osterfeuers „ihr Leben" lassen muss.

Immer am letzten Samstag im April veranstaltet die DLRG Borkum am Vereinsheim „Middelhüsche" auf der Strandpromenade traditionell das „Anschwimmen". Die Veranstaltung ist der offizielle Start der Badesaison auf Borkum.

Als inselübergreifendes Festival avancieren die Borkumer Jazztage in der Pfingstwoche zu einem klingenden Stempel der Insel, wenn sich hier internationale Jazzmusiker nicht nur im Rahmen der traditionellen Kneipennacht vier Tage lang ein Stelldichein geben.

Im Sommer steigt seit 2007 die Borkum-Helgoland-Regatta, bei der konkurrierende Segelyachten darum wetteifern, wer die Strecke von Borkum nach Helgoland und wieder zurück als Schnellster zurückzulegen vermag. Umrahmt wird die dreitägige Veranstaltung von einem bunten Fest auf Borkum.

◉ www.borkum-helgoland.com

Seit 1994 finden im Juli oder August regelmäßig Beachvolleyball-Turniere des Niedersächsischen Volleyball-Verbandes mit inzwischen knapp 1.000 teilnehmenden Mannschaften an drei aufeinander folgenden Wochenenden auf Borkum statt.

Traditionell steigt im Juli oder August die große Strandfete des Verein Borkumer Jungs am Jugendbad des Nordstrandes mit viel Musik.

◉ www.trachtengruppe-borkum.de

Im August erfolgt der Aufschlag für die Borkum Open im Tennis auf der Anlage des Borkumer TC an der Bismarckstraße mit ihren vier Sandplätzen. Deutschlands größtes Bäderturnier an Nord- und Ostsee blickt auf eine mehr als einhundertjährige Tradition zurück. Gespielt wird in verschiedenen Altersklassen im Einzel und Doppel bei den Damen und Herren. Teilnahmeberechtigt sind alle Spieler, die einem In- oder ausländischen Tennisverband angehören.

◉ www.borkum-open.de

Anfang September steigt traditionell der vom TuS Borkum veranstaltete Borkumer Meilenlauf, bei dem sich Laufsportenthusiasten je nach Kondition und Stehvermögen auf verschieden lange Distanzen durch die Strand- und Dünenlandschaft begeben können. Angeboten werden ein Halbmarathon über 21,4 Kilometer, ein Viertelmarathon über 10,7 Kilometer, ein Kaap-Lauf über 5,1 Kilometer, ein Jugendlauf über drei Kilometer und ein Piratenlauf über 1.000 Meter. Daneben sind zwei Nordic Walking Wettbewerbe über zwölf und sechs Kilometer ausgeschrieben.

◉ Organisationsteam Borkumer Meilenlauf, Hindenburgstraße 97, 26757 Borkum, www.borkumer-meilenlauf.de.

Der Oktober steht im Zeichen des Kulinarischen Herbstes, bei dem die teilnehmenden Restaurants und Köche der Insel manche Gaumenfreude kredenzen und zu einer kleinen Schlemmertour durch Borkums Gastronomie einladen. Dabei kommen heimische Köstlichkeiten ebenso auf den Tisch wie exotische Gerichte.

Bis in die Zeit der Walfänger reicht das in der Nacht vom 5. auf den 6. Dezember begangene Klaasohmfest zurück. Die genauen Ursprünge des Klaasohm sind nicht überliefert. Sie könnten in der Tradition des Nikolaustages stehen, aber auch Teil der Feierlichkeiten gewesen sein,

Historische Bademode im Dykhus.

wenn immer die Borkumer Walfänger Anfang Dezember zur Winterpause von ihren Walfangtouren zurückkehrten. Einige interpretieren den Brauch vor diesem Hintergrund als eine Art Staffelstabwechsel. Hatten doch in der Abwesenheit der Männer die Frauen das Sagen auf der Insel. Doch mit ihrer vorübergehenden Heimkehr wollten die Walfänger natürlich zu Hause auch wieder das „Regement" übernehmen. Das Ganze könnte aber auch eine Anspielung auf den Männermangel sein, der zwangsweise über Monate auf der Insel herrschte. Für diese Theorie spricht die Tatsache, dass ein Klaasohm während seiner nächtlichen Tour über die Insel allen jungen Frauen, die er erwischen kann, mit einem Kuhhorn auf das Hinterteil schlägt.

Beim nächtlichen Geschehen gehen sechs als Klaasohm verkleidete junge Männer vom Verein Borkumer Jungens auf den Zug durch die Gemeinde. Nachdem die Klaasohms eingekleidet wurden, begeben sich sie unter großem Lärm zunächst zur Betriebshalle der Borkumer Kleinbahn. Dort ermitteln die „Würdenträger" in ritualisierten Ringkämpfen, wer in dieser Nacht die Führung übernehmen darf. Das Ganze geschieht weitgehend unter Ausschluss der Öffentlichkeit. Denn weder Frauen noch Ortsfremde haben Zutritt. Nur auf Borkum geborene Männer dürfen dabei sein.

Anschließend beginnt der Zug über die Insel. Die Klaasohms tragen tonnenförmige Helme, die mit Schafspelz bezogen, und mit Federn sowie Möwenflügeln beklebt sind und nur über kleine Sehschlitze verfügen. Da die Sicht des Klaasohm stark eingeschränkt ist, assistieren ihm einige Helfer beim Versuch, junge Frauen einzufangen. Die „Opfer" erhalten dann nicht nur die besagten Hiebe mit dem Kuhhorn, sondern als „Schmerzensgeld" auch Moppe, eine Art Honigkuchen.

Parallel dazu streift auch das Wiefke um, ein als Frau verkleideter junger Mann, der sich besonders wild und ausgelassen gebärdet, durch die Gegend.

Abschließender Höhepunkt der wilden Feier ist dann das Erklimmen einer Litfasssäule in der Ortsmitte durch alle Klaasohms und das Wiefke. Sie alle stehen nun vor einer besonderen Herausforderung. Wie beim „Sky Diver", den viele von Rockkonzerten kennen, lassen sich die Klaasohms und das Wiefke dann aus luftiger Höhe in die jubelnde Menschenmenge fallen.

Ferienhäuser (Auswahl)

Ferienhaus Gisela, Reedestraße 44a, 26757 Borkum, ◉ 0531-791208, www.borkum-haus-gisela.de. Doppelhaushälfte mit Platz für bis zu sechs Personen.

Ferienhaus Brockerhoff, Reedestraße 73e, 26757 Borkum, ◉ 04244-623, www.ferienhausbrockerhoff.de. Ferienhaus für bis zu fünf Personen.

Ferienhaus Seepferdchen, Jakob-van-Dyken-Weg 17e, 26757 Borkum, ◉ 02151-478354, www.ferienhaus-seepferdchen-borkum.de. Doppelhaushälfte für bis zu sechs Personen.

Perlmuschel, Riffstraße 3, 26757 Borkum, ◉ 04957-912055, www.ferienhaus-perlmuschel.de. 130 Quadramter großes Ferienhaus mit Platz für bis zu sieben Personen.

Süderdün, Harpunierstraße 8b, 26757 Borkum, ◉ 05432-58620, www.haus-suederduen.de. Ferienhaus mit Platz für acht Personen.

Ferienwohnungen (Auswahl)

Ferienhaus Bikker, Neue Straße 43, 26757 Borkum, ◉ 04941-10152, www.bikker-borkum.de. Ferienwohnungen für bis zu vier Personen mit 30 bis 70 Quadratmetern.

Die Bismarckstraße ist die Einkaufs- und Promeniermeile der Insel.

Ferienhaus Evelyn, Gartenstraßen 35, 26757 Borkum, ◉ 04922-1266, www.haus-evelyn-borkum.de. Ferienwohnungen für zwei bis fünf Personen mit 40 bis 64 Quadratmetern.

Ferienhaus Inselkate, Kiebitzdelle-Heide 1a, 26757 Borkum, ◉ 04922-910300, www.inselheide.de. Ferienwohnungen für bis zu drei Personen mit 45 bis 60 Quadratmetern.

Ferienhaus Nordseesonne, Riffstraße 2, 26757 Borkum, ◉ 02382-7605104, www.hausnordseesonne.de. Ferienwohnungen für bis zu vier Personen mit 60 Quadratmetern.

Ferienhaus Seestein, Gartenstraße 8a, 26757 Borkum, ◉ 0221-743532, www.ferienhaus-seestein.de. Ferienwohnungen für bis zu vier Personen mit rund 50 Quadratmetern.

Flugplatz

Östlich des Ortszentrums liegt der kleine Flugplatz zwischen den Bantje Dünen und Tüskendör. Borkum wird im Linien- und Charterverkehr von Emden und Hamburg aus angeflogen wird. Die Flugzeit von Emden beträgt etwa 15 Minuten. Außerdem wird der Flughafen von zahlreichen Privatflugzeugen benutzt. Jährlich starten und landen hier mehr als 20.000 Maschinen.

◉ Flugplatz Borkum, Ostfriesenstraße 108, 26757 Borkum, ◉ 04922-3848

Gästeehrung

Die Treue von Urlaubern, die über 20 Jahre oder mehr regelmäßig auf Borkum zu Gast sind, wird mit einer speziellen Ehrung durch die Kurdirektion gewürdigt. Zu diesem Zweck liegt in der Kulturinsel für langjährige Gäste ein spezielles Formular bereit, in dem eingetragen werden muss, wann die Gäste in der Vergangenheit auf der Nordseeinsel geurlaubt haben. Nach einer kurzen Prüfung winken eine Urkunde sowie ein kleines Geschenk für die gelebte Inseltreue.

Gezeiten

Der Tidenhub der Nordsee beträgt auf Borkum bis zu 2,5 Meter. Ebbe und Flut dauern jeweils sechs Stunden und zwölfeinhalb Minuten. Daraus ergibt sich, dass Ebbe und Flut jeden Tag zu einer anderen Zeit einsetzen. Bis zu 50 Minuten beträgt der Unterschied zum Vortage. Insbesondere bei Wattwanderungen ist es wichtig zu wissen, wann die Flut einsetzt. In der Tourist Information, bei der Kurverwaltung und an vielen anderen Stellen ist ein Gezeitenkalender erhältlich. Zudem gibt es eine aktuelle Gezeitenvorhersage auf www.borkum.de.

Heiraten
An jedem ersten Freitag im Monat sind Ambiente-Hochzeiten hoch oben auf dem Alten Leuchtturm (◉ siehe Seite XX) möglich. Auch die ehemalige Offiziersmesse im Feuerschiff Borkumriff (◉ siehe Seite XX) steht für Trauungen zur Verfügung.

Wer beim Jawort im wahrsten Sinne des Wortes in Fahrt kommen möchte, kann auch im historischen Kaiserwagen der Borkumer Kleinbahn von 1905 zwischen dem Bahnhof und dem Hafen ins Eheglück rollen. ◉ Standesamt der Stadt Borkum, Neue Straße 1, 26757 Borkum, Telefon 04922-303222, steffanie.drost@borkum.de.

Hotels und Pensionen (Auswahl)
Aparthotel Kachelot, Goethestraße 18, 26757 Borkum, ◉ 04922-3040, www.kachelot-borkum.de. Drei-Sterne-Superior-Hotel in Strandnähe.
Der Insulaner, Neue Straße 42, 26757 Borkum, ◉ 04922-518, www.hotel-insulaner-borkum.de. Einfaches, kleines Familienhotel mit Sauna.

Haus am Park, Bahnhofstraße 5, 26757 Borkum, ◉ 04922-93060. Tierfreies Nichtraucherhotel mit Sauna und Schwimmbad.

Bekannt für Ihre leckeren Milchreis- und Quarkspeisegerichte: Die Strandbuden.

Haus Beckmann, Goethestraße 20, 26757 Borkum, ◉ 04922-2261, www.haus-beckmann.de. Zentral gelegene Pension.

Haus Hertha, Greune-Stee-Weg 43, 26757 Borkum, ◉ 04922-2677, www.haus-hertha-borkum.de. Vier-Sterne-Feriendomizil am Südstrand.

Haus in der Sonne, Von-Frese-Straße 38, 26757 Borkum, ◉ 04922-3770, www.haus-in-der-sonne-borkum.de. Kleine Pension rund 50 Meter vom Strand.

Hotel Rummeni, Georg-Schütte-Platz 2, 26757 Borkum, ◉ 04922-92900, www.hotel-rummeni.de. Alteingesessenes Hotel am Inselbahnhof mit großen, eher schlicht eingerichteten Zimmern.

Inselhotel, Georg-Schütte-Platz 4, 26757 Borkum, ◉ 04922-9200, www.inselhotel.de. Zentral gelegenes Vier-Sterne-Superior-Haus mit eigenem Wellness-Bereich und Pool. Auch spezielle Allergiker-Zimmer werden vorgehalten.

Miramar, Am Westkaap 20, 26757 Borkum, ◉ 04922-91230, www.miramar.de. In den Dünen gelegenes Hotel mit Meerwasserhallenbad.

Eines der Markenzeichen der Insel: Der rote, historische Wagen am Nordstrand.

Nordsee Hotel, Bubertstraße 9, , 26757 Borkum, ◉ 04922-3080, www.meerchenhaft.de. Direkt am Strand gelegenes Hotel mit eigener Badelandschaft.

Pension Springer, Gartenstraße 41, 26757 Borkum, ◉ 04922-2756, www.pension-springer.de. Eigentümergeführte Pension mit Parkplatz am Haus.

Strandhotel, Bismarckstraße 40, , 26757 Borkum, ◉ 04922-9220, www.strand-hotel.com. Das Vier-Sterne-Haus mit eigenem Wellness-Bereich mit Pool.

Strandhotel Hohenzollern, Jann-Berghaus-Straße 63, 26757 Borkum, ◉ 04922-92330, www.strandhotel-hohenzollern.com. Nichtraucher-Hotel am Strand mit Wellness- und Fitnessbereich.

Strandhotel Ostfriesenhof, Jann-Berghaus-Straße 23, 26757 Borkum, ◉ 04922-7070, www.ostfriesenhof.de. Direkt am Strand gelegenes Nichtraucherhotel.

Upstalsboom Seehotel, Viktoriastraße 2, 26757 Borkum, ◉ 04922-9150, www.upsalsboom.de/seehotel. Ein Drei-Sterne-Hotel in Strandnähe.

Internet

Gebührenpflichtige Internetzugänge stehen den Besuchern während der Öffnungszeiten in der Kurhalle am Meer, in der Kulturinsel und im Gezeitenland zur Verfügung.

Jugendherberge

In den Gebäuden der ehemaligen Marine-Seemannschaftslehrgruppe der Bundeswehr betreibt das Deutsche Jugendherbergswerk seit Oktober 1996 unweit des Fähranlegers die Jugendherberge „Am Wattenmeer". Mit 530 Betten in sechs Häusern und einem rund 20 Hektar großen Gelände ist sie die größte ihrer Art in Europa. Zum Angebot gehören eine Kegelbahn, ein Bolzplatz sowie eine Go-Kart-Bahn und ein Fahrradverleih.

◉ Jugendherberge „Am Wattenmeer", Reedestraße 231, 26757 Borkum, ◉ 04922-579, www.jugendherberge.de/jh/borkum

Kirchen

Auf Borkum sind verschiedene Kirchengemeinden aktiv. Die 1882 errichtete katholische Kirche an der Kirchstraße 34, ist täglich von 8 bis 20 Uhr geöffnet. Die evangelisch-lutherische Kirche 1 an der Goethestraße 14 wurde 1901 geweiht. Zu ihren Besonderheiten gehört eine

Jahnke-Orgel von 1980. Geöffnet ist das Gotteshaus sonntags bis freitags von 8 bis 18 Uhr. Die 1897 fertig gestellte evangelisch-reformierte Kirche am Rektor-Meyer-Pfad ist außerhalb der Gottesdienste von 10 bis 12 Uhr sowie dienstags bis donnerstags von 15 bis 17 Uhr geöffnet. Daneben gibt es Neuapostolische Kirche an der Reedestraße. Weitere Informationen unter www.borkumer-kirchengemeinden.de.

Klinken

Als staatlich anerkanntes Nordseeheilbad verfügt Borkum über verschiedene Kliniken, die zusammen rund 150 Plätze vorhalten:

◉ CBT – Haus am Meer, Boedinghausstraße 10, 26757 Borkum, ◉04922-92810

◉ Fachklinikum Borkum, Jann-Berghaus-Straße 49, 26757 Borkum, ◉ 04922-7080, www.fachklinik-borkum.de

◉ Klinik Borkum Riff, Hindenburgstraße 126, 26757 Borkum, ◉04922-3020

◉ Knappschafts-Klinik Borkum, Boeddinghausstraße 25, 26757 Borkum, ◉ 04922-3010, www.knappschafts-Klinik-borkum.de

◉ Mutter-Kind-Klinik Borkum, Bubertstraße 5-7, 26757 Borkum, ◉04922-3060, www.kur.org

Krankenhaus

Auf Borkum gibt es an der Gartenstraße 20 ein Krankenhaus für die ambulante Versorgung. Zudem verfügt dieses über eine internistische Belegabteilung. Telefonisch ist das Krankenhaus unter ◉ 04922-930012 zu erreichen.

Kurtaxe

In der Hauptsaison vom 1. Mai bis 31. Oktober wird pro Gast und Tag eine Kurtaxe in Höhe von 3,20 Euro erhoben, in der übrigen Jahreszeit 2,10 Euro. Für Kinder und Jugendliche ab zwölf Jahren sowie Studenten wird ein reduzierter Betrag von 0,80 Euro pro Tag und Gast während der Hauptsaison beziehungsweise von 0,40 Euro während der Nebensaison erhoben. Mit der Kurtaxe werden unter anderem die Pflege der Strandabschnitte, die Bewachung der Strände, die Pflege der Rad- und Wanderwege, die Kurkonzerte an der Promenade, die Angebote der Kinderspielinsel, die Unterhaltskosten für die Kulturinsel und das Gezeitenland sowie ein umfangreiches Veranstaltungsprogramm finanziert.

◉ Kur- und Touristikservice Borkum, Kurbeitragskasse, Goethestraße 25, 26757 Borkum, ◉ 04922-933151, kurbeitragskasse@borkum.de

Medien

Auf Borkum erscheint mit der Borkumer Zeitung (www.borkumer-zeitung.de) eine eigene Tageszeitung. Daneben ist eine Reihe an regionalen und überregionalen Zeitungen an Kiosken erhältlich. Kostenlos erhältlich in Geschäften, Restaurants und Kneipen sind daneben das monatlich in einer Auflage von 10.000 Exemplaren erscheinende Borkum Magazin sowie das fünfmal jährlich erscheinende Magazin Burkana (www.burkana.de). Komplettiert wird die Medienlandschaft durch das haushaltsabdeckend verteilte Monatsmagazin Borkum aktuell (www.borkum-aktuell.de).

Die Nordseeinsel verfügt auch über ein eigenes Internetradio. Unter www.irabo.de erklingen neben Musik aktuelle Informationen, Veranstaltungstipps und Nachrichten rund um Borkum. Dabei lässt sich der Sender nicht nur auf der Insel, sondern auch zur Einstimmung auf den Urlaub Zuhause empfangen.

Viele Schulklassen wählen Borkum als Ziel für ihre Klassenreise - Action inklusive!

Medizinische Versorgung

Drei Ärzte sichern auf Borkum die medizinische Versorgung:

◉ Dr. med. Klaus Brockötter, Hindenburgstraße 4, 26757 Borkum, ◉ 04922-93920

◉ Dr. med. Monika Harms, Bismarckstraße 13, 26757 Borkum, ◉ 04922-93030

◉ Dr. med. Helmer Zühlke, Hindenburgstraße 7, 26757 Borkum, ◉ 04922-555

Neben den genannten Allgemeinmedizinern praktizieren auf Borkum mit Dr. Biel ◉ 04922-3313) und Dr. Dein (◉ 04922-990965) auch zwei Zahnärzte.

Notfall-Orientierungssystem

Borkum verfügt seit 2011 über ein gut ausgebautes Notfall-Orientierungssystem (NOS). Überall auf der Insel finden sich an markanten Wegpunkten auf Spazier- und Radwegen sowie auf Parkbänken, am Strand und in den Dünen kleine, metallene Schilder mit einer SOS-Nummer, die exakt einem Standort zugewiesen ist. Bei Unfällen oder Notlagen können die Rettungskräfte anhand der telefonisch durchgegebenen Standortnummer die Hilfsbedürftigen selbst an entle-

Alt und ehrwürdig: Das Borkumer Rathaus.

genen Punkten der Insel schneller ausfindig machen.

Polizei

Polizeistation Borkum, Strandstraße 11, 26757 Borkum, ◉ 04922-91860

Restaurants (Auswahl)

Akropolis, Bismarckstraße 36, 26757 Borkum, ◉ 04922-932840. Griechische Spezialitäten hält das familiengeführte Restaurant inmitten der Fußgängerzone vor.

Aquavit (im Strandhotel Ostfriesenhof), Jann-Berghaus-Straße 23, 26757 Borkum, ◉ 04922-7070, www.ostfriesenhof.de. Im Restaurant des Strandhotels stehen internationale Spezialitäten auf der Speisekarte.

Alt Borkum, Roelof-Gerritz-Meyer-Straße 10, 26757 Borkum, ◉ 04922-2005, www.restaurant-alt-borkum.de. Unweit des Alten Leuchtturms serviert das Traditionslokal seit mehr als 100 Jahren vornehmlich Fischvarianten.
Bauernstuben, Ostland 3, 26757 Borkum, ◉ 04922-3504, www.hauptsachen.de. Deftige ostfriesische Hausmannskost kommt auf den Tisch des Hauses. Ein großer Biergarten, ein Kinderspielplatz und zahlreiche Tiere von Schweinen über Pferde und Ziegen bis hin zu Lamas sind hier zu finden.

Fischerkate, Hindenburgstraße 99, 26757 Borkum, ◉ 04922-3844, www.fischerkate-borkum.de. Der Name ist Programm. Ausschließlich Fischgerichte kommen auf den Tisch des Hauses.

Kartoffelkäfer, Jann-Berghaus-Straße 1, 26757 Borkum, ◉ 04922-990455, www.kartoffelkaefer-borkum.de. Kartoffelvarianten und raffinierte Gerichte mit Kartoffeln werden hier mit Blick auf das Meer angeboten.

Klabautermann, Georg-Schütte-Platz 4, 26757 Borkum, ◉ 04922-9200, www.inselhotel.de. Von 12 bis 18 Uhr lässt sich hier die ostfriesische Teezeremonie bei Kuchen und Snacks genießen, abends wartet eine gehobene internationale Küche auf die Gäste.

Knurrhahn, Franz-Habich-Straße 16, 26757 Borkum, ◉ 04922-2050. Bekannt ist das Restaurant für seine Fischspezialitäten – egal ob aus dem Suppentopf, gebraten, frittiert oder aus der Pfanne.

Leo`s Restaurant, Jann-Berghaus-Straße 1, 26757 Borkum, ◉ 04922-932610, www.leos-borkum.de. Di-

Strandbude: Schlemmen mit Blick aufs Meer.

rekt an der Strandpromenade wird hier deftiges Essen serviert.

Poseidon, Bismarckstraße 40, 26757 Borkum, ◉ 04922-922602. Das direkt am Strand gelegene Restaurant gehört zu den besten Adressen der Insel.

Rhodos, Franz-Habich-Straße 12, 26757 Borkum, ◉ 04922-4769. Das Restaurant bietet nicht nur grie chische Speisen, sondern auch Balkanspezialitäten.

Upholm-Hof, Upholmstraße 45, 26757 Borkum, ◉ 04922-4176, www.upholm-hof.de. Die gutbürgerliche Küche hat ein Hauptaugenmerk auf Fisch- und Fleischspezialitäten gelegt. Daneben werden Torten, Kuchen und Brot aus der eigenen Hausbäckerei angeboten.

Zum Harpunier, Isdoben 14, 26757 Borkum, ◉ 04922-924433. Traditionelles Fischlokal mit großer Auswahl.

Strandkorbverleih

Am Nordstrand gibt es an den verschiedenen Treppenabgängen zum Strand Verleihstationen für Strandkörbe und Liegen.

Taxi

Die Taxizentrale der Insel ist über ◉ 04922-1001 zu erreichen.

Vergünstigungen

Exklusiv auf den Borkumfähren wird ein spezielles InselTicket zum Kauf angeboten. Dieses garantiert in angeschlossenen Geschäften und Restaurants auf Borkum Preisnachlässe und enthält entsprechende Rabattgutscheine.

◉ www.inselticket.de

Verkehr

Das Gros der Straßen im Stadtkern von Borkum ist als verkehrsberuhigte Zone ausgewiesen. Hier ist Fahren in Schrittgeschwindigkeit gestattet. Parken ist nur in den dafür gekennzeichneten Bereichen erlaubt. Während der Sommermonate herrscht im Innenstadtbereich (Rote Zone) ein komplettes Fahrverbot für Fahrzeuge aller Art. Für den übrigen Stadtbereich (Blaue Zone) gilt ein generelles Fahrverbot zwischen 21 Uhr abends und 7 Uhr morgens.

Volkshochschule

Wer während des Urlaubs etwas für die Bildung tun möchte, findet entsprechende Angebote in der Außenstelle Borkum der Volkshochschule Leer. Nähere Informationen zum Kursprogramm unter ◉ 04922 923910, borkum@vhs-leer.de und unter www.vhs-leer.de

Die schnellste Anreisevariante ist die per Flugzeug zum Flughafen Borkum.

Anhang

Register

Bildnachweis

Alle Bilder stammen von Ulrike Katrin Peters und Karsten-Thilo Raab bis auf S. 27: Georg Pahl, Deutsches Bundesarchiv;

Danksagung

Für die Unterstützung bei der Erstellung dieses Reisehandbuches möchten wir uns besonders bei Matthias Alberding und Susanne Westermann von den Wirtschaftsbetrieben der Stadt NSHB Borkum GmbH bedanken.

NORDSEEKLINIK

Nordsee
Nordstrand
OLDE DÜNE
Jugendbad
Badestrand
NORDÜNEN
OSTDÜNE
Neuer Leuchtturm
Heimatmuseum Dykhus
Flugplatz
BANTJE-DÜNEN
Alter Leuchtturm
WESTLAND
Borkum
Gezeitenland
Strand-promenade
SÜDDÜNEN
WESTDÜNEN
Nordsee-aquarium
Inselbah
Greune Stee
Naturschutzgebiet
Südstrand
Leitdamm

OLDEMANNS OLDE DÜNEN
KOBBEDÜNEN
Ostland
OSTLAND
HOGE HÖRN
Tüskendörsee
Nationalpark Niedersächsisches Wattenmeer
Reede Borkum
Feuerschiff "Borkumriff"
Neuer Hafen
Fischerbalje

Jugendbad
Badestrand
Strandpromenade
Kurhalle am Meer
Musikpavillon
Neuer Leuchtturm
Norddünen
Geert-Bakker-Straße
Kaapstraße
Hindenburgerstraße
Norderreihe
Richthofenstraße
Alter Leuchtturm
Bahnhof Kleinbahn
Georg-Schütte-Platz
Gartenstraße
Goethestraße
Busbahnhof
Am langen Wasser
Neue Straße
Süderstraße
Wiesenweg
Reedestraße
Lüderitz
Strandpromenade
KURPARK
Freizeitbad und Wellnesscenter "Gezeitenland"
Deichstraße
Klekerdünen
Isdobben
Emsstraße
Randzelstraße
Nordsee-aquarium

Ostfriesenstraße
Barbaraweg
Upholmstraße
Bantjedünen
WESTLAND
Upholmdeich
Ostfriesenstraße
Borkum
Stadt
Under De Diek
Olde Melkstee
Wilhelm-Feldhoff-Straße
Sturmannstrate
Commanderstrate
Ostfriesenstraße
Jakob-van-Dyken-Weg
Reedestraße
Reedestraße
Krummer
Inselbahn
Kiebitzdelle
Ostdünen
Blockweg
Greune-Stee-Weg

Über die Autoren

Ulrike Katrin Peters hat sich als Autorin, Journalistin und Fotografin besonders auf »aktive« Themen rund um Bewegung an der frischen Luft und auf Nordeuropa sowie die grünen Inseln spezialisiert. Viele Ihrer Reisen hat sie dabei nicht nur zu Artikel und Reportagen sondern auch in Bücher verarbeitet.

Nach dem Anglistik- und Sportstudium sowie der Arbeit als Zeitungsredakteur ist Karsten-Thilo Raab seit mehr als zwei Jahrzehnten als Journalist, Autor und Fotograf für eine Vielzahl von Zeitungen, Magazinen und Verlagen tätig. Zudem hat er als Autor bislang rund 70 Bücher verfasst bzw. an diesen mitgewirkt.

Andere lieferbare Titel aus unserem Verlagssortiment:

Schmuck und Bilder aus Haaren
154 Seiten, 246 farbige Abbildungen, 80 Schwarzweißfotos und Zeichnungen
ISBN 3-928327-20-8
Hardcover, Preis 35,- Euro

Ærø Reisehandbuch
112 Seiten, 72 Fotos
4 Karten
ISBN 978-3-939408-16-1
Preis 12,95 Euro

URLAUB AUF
HOHER SEE
Heitere Kurzgeschichten
rund um die Kreuzfahrt
VERLAG

MEHR
URLAUB AUF
HOHER SEE
Heitere Kurzgeschichten
rund um die Kreuzfahrt
VERLAG